JN439112

血의 江

혈의 강

박신애 지음

서문

몇 년 전 고국 방문 중, 동생으로부터 노트북 한 권을 받았습니다. 그것은 어머님께서 생존하셨을 때 「사모곡」이라 이름 붙여 아주 오래 전 어머님께 보내드렸던 노트북이었습니다.
이제와 다시 펼쳐보니 「사모곡」 이라 이름 붙이기엔 한없이 부족한 「서투른 사모곡」입니다.
제가 긴 타국 생활을 하는 동안, 어머님께서는 사랑 가득 꾹꾹 눌러 쓰신 편지를 제게 보내곤 하셨습니다. 한 통도 빠짐없이 소중하게 모아둔 사연 사이사이에서 한 구절이 눈에 들어옵니다.

엄마는 욕심쟁인가 보다. 르네상스 호텔 너의 시아버님 미수 식장에서 한복을 곱게 차려입은 네 모습이 하도 예뻐서 하루 종일 같이 놀고 싶어지는구나. 눈 감으면 감은 눈 안에 한복 차림의 미소 짓는 예쁜 내 딸 모습이 자꾸 떠올라 눈앞에 아른거린단다.

사방이 빈 시간으로 가득 채워진 허술한 나날들, 옛 추억에 잠겨 또다시 눈물범벅이 되어 어머님 편지를 샅샅이 읽어가다가 저는 엉뚱하게도 하나의 일을 꾸며보기로 했습니다.

▲ 어머님께 보내드렸던 서투른 사모곡을 담은 노트북 표지

누구에게나 살아온 이야기가 있듯이 저도 결코 평범했다고는 할 수 없는 시절을 살았습니다. '꿈을 키우며 날개를 펴고 높이 날아보려 했던 지난 시간들'

그 중심에는 가슴에 깊이 박힌 하나의 못처럼 아프고 쓰린 결코 잊을 수 없는 저의 어머님이 계십니다. 그 진한 '모정'을 들여다보다 불현듯 질긴 밧줄처럼 이어지는 '사랑'의 길을 마치 잠에서 막 깨어난 듯 알아차리며, 저의 세상이 다 하기 전에 지난 기억을 더듬어 어머님으로부터 흘러내리는 숭고한 길을 따라가 보기로 했습니다.

네 딸들의 지극정성 효도를 받으며, 어머님께 못다 한 효도가 새록새록 아쉽고 부끄러워진 탓도 있습니다.

이제 와 아무 소용이 없는 줄도 잘 알면서, 낯 뜨거워진 불효여식은 호젓한 새벽마다 스스로 호통 치며 자신을 어머님 앞에 무릎 꿇어앉히고 있습니다.

모르는 것으로 가득 찬 이 한 삶을 뒤돌아보는 길, 제 생명의 시초는 어머님으로부터 왔기에 이제 와서 어머님께 간절히 묻고도 싶습니다.

'무엇을 위해, 무엇 때문에, 저는 지금 왜 여기에 이렇게 있어야 하는지?'

누가 시켰기에?
누가 시키기에?
서로의 먹잇감이 되는 풀리지 않는 '약육강식'의 이치, 무엇보다 모든 생명더러 딱 그만큼만 살다 없어져 버리라고 하심은 무슨 뜻인가요?
그 잔인한 삶의 진리를 어디에서 누가 시키고 있을까요?

별생각 없이 살았는데 어쩌자고 당돌하게 제 삶의 끝부분 이즈음에 와서는 꼭 알아야 할 것 같아 간절히 묻습니다. 따져 봅니다.
아득히 멀리 가보는 그 끝, 그 시초의 어머님은 내 존재 이유를 알고 계셨을까요?
그 답을 찾아 돌아가 보는 젖 냄새 그리운 내 어머님.

'핵무기'와 '로봇', 그 무시무시한 첨단기술을 만들고 무엇보다 희로애락을 깊이 느끼는 '사람', '인간'을 만들 줄 아는 어머님들!
참으로 재주도 좋게 대단한 인간들을 속속 만들어 가는 천지의 어머님들!
눈빛 가득 반짝이는 오물오물 인간들을 빚어 다듬어 세상에 내놓은 분이 어머니들이라는 것이 신기하지만, 새삼스레 무서워지는 것도 어쩔 수 없습니다.

'어머님의 어머님, 또 그 어머님의 어머님으로 끊임없이 흘러내리는 강.'
가늠할 수 없는 세월은 그렇게 흐르고, 오늘 저는 이 생명이 다하기 전에 제 강의 상류로 거슬러 올라가 사랑하는 어머님께 저의 못다 한 사랑을 바치려 합니다.
〈 血의 江 〉이라는 거창한 이름을 붙여.

죄송한 마음에다 서툰 재주, 게다가 너무 늦기도 하여 이제 와 어떻게 어머님께 전할 수 있을지는 참으로 알 길 없어 막연히 이렇게나마 글로 띄워봅니다.

2023년 5월 어머니 날에

박 신 애

목차

제1장

나의 서투른 사모곡

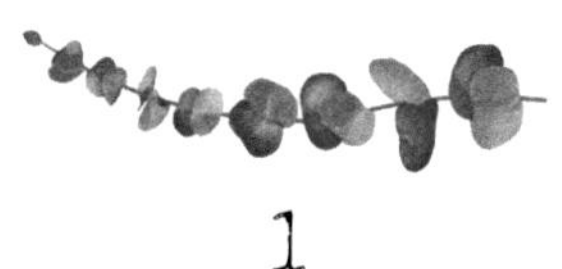

1

세월이 흐르고 흘러, 내가 또 엄마가 되고서야 어머님의 마음을 알아가는 어쩌다 너무 늦어버린 날.

어머님의 강물은 긴 세월이 지나 오늘도 흐르고.

나는 어느덧 강 하류에서 그 '어머님의 강'을 감은 눈 안에서 봅니다. 그리고 〈 血의 江 〉이라 이름도 붙여봅니다.

피를 이어 흐르는 강!

이 사바 세계에서 여자들은 더러움에서 광채를 탄생시키는 대양의 진주들이다. 피는 음침한 미로가 영원한 화염덩어리 주위에 얼키설키 뒤얽혀 있는 지하세계와 나를 연결해 주는 끈이었다. – 저서 〈측천무후〉에서

'한 오리 겨울 찬 바람'처럼 살아오신 저의 어머님.

'어디쯤 숨어서 반짝이는 별'처럼 살아오신 저의 어머님.

어머님! 이제 와서 불효여식인 제가 어머님께 드릴 수 있는 것은 저의 마음 깊은 곳에서 우러나오는 사랑과 감사가 아니겠습니까?

세상 사방을 뒤지며 찾아 헤매어 온 세월에 모양도, 색도, 냄새도, 그 아무 무엇도 아직껏 알 수 없는 무엇들을 더듬더듬 찾아 어리석게도 여기까지 헤매어 살아왔습니다. 어머님을 그리워하는 마음의 조각조각들, 그 조각조각들을 모았다가 너무 늦어버린 이제서야 사랑하는 어머님께 부끄러운 마음 가득 안고 전해 드립니다.

한 세상을 모정으로 이어져 인간은 갖갖이 온갖 사랑을 배워 울고가는 세월.

사랑에 듬뿍 젖어 아련하게 가물가물 한 세상을 채워, 세월은 또 유유히 흘러 흘러, 뜨겁게 들끓는 사랑은 아마도 또 다시 새로 오신 봄날에 고운 봄꽃들을 가득히 피워 놓았나 봅니다.

색색으로, 각각 고유의 아리따운 모습으로, 피운 꽃 송이송이 마다 그 안에 어머님의 모습 잔잔히 비쳐 보이는 저의 오늘이 그런 날입니다.

그렇게 새로 오신 새 봄날에 오늘은 저의 정원엔 어머님의 꽃들이 가득히 만발했습니다. 참으로 곱고 진한 색깔로 알록달록, 마치 평생을 찌든 고생으로 살아오신 그 정성, 그 땀, 그리고 그 눈물로 피운 봄꽃들인 양, 그 꽃 이름이 모두 '사랑'이란 이름으로 여기 정원에 만발했습니다.

비가 쏟아내고 구름이 활짝 걷힌 후 반짝 햇살이 다시 비추듯이, 어머님께서 안고 살아오셨던 천근만근 무거웠던 고됨들 모두, 마치 검은 구름이 엳어지듯 그 구름 전부 환히 거두어 드리고 싶습니다. 겨울 지나 따스한 엷은 햇살이 서서히 쌓인 흰 눈을 스르르 녹이듯, 그렇게 어머님 힘드셨던 자리마다 모두 걷어내 드리고 싶습니다.

달이 뜨고 지고, 해가 뜨고 지고, 언덕을 넘고 넘어 그 언덕너머에서는 어머님을 꽃방석에 앉혀드리고 싶은 여식의 가이없이 간절

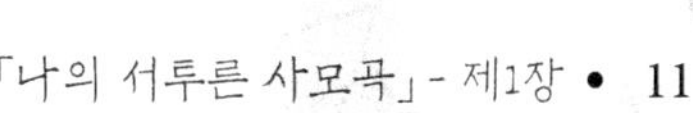

한 마음. 어머님만 기다려 주신다면 어쩌면 어느 날엔 그 자리가 영광이 될지도 모르겠습니다만.

어머님! 당신의 어린 딸이 어느덧 어른이 되고, 또 모름지기 지어미가 되고, 그렇게 조금씩 인생을 배우고, 삶을 조각조각 이어 엮어 왔습니다. 이 길을 다듬어 가보는 날, 이 순간 이토록 늦은 날, 아직도 어머님의 사랑은 질긴 밧줄인 양 저를 붙들어 주십니다.

하지만 어머님 앞에서 저는 오늘도 여전히 철없는 어린아이로 돌아가 버리는 응석쟁이가 되어 그 풍만한 어머님의 사랑품에 파묻혀 안겨 곧바로 편안해집니다.

어쩌다 저도 이제 네아이의 엄마가 되어버린 지금, 제가 멀리서 "어머님" 하고 부르면, 어머님은 어찌 아시고 그 멀리서도 달려와 알게 모르게 저를 다독여 주십니다. 그렇습니다. 어머님이 또 저를 부르실 때면, 잠결에도 그 목소리 들리듯 하여 반가워라 달려갑니다.

어머님의 자장가에 묻혀 스르르 잠 드는 밤들이 무수합니다.

그토록 항시 애틋한 마음이나 언제나 마음만 앞서고, 몸이 따라가지 못하여 그만 슬픔에 빠져 버리는 나날들.

어머님 사랑은 그렇게 앞으로도 제게 언제나 '빛'처럼 머물러 남아 계실 것입니다. 우리 '모진 세상' 이라 말하는 어쩌면 저의 어머님을 일컫는 단어인 양, 고생고생 속에서 큰 사랑을 이룩해 가시던 어머님을 생생하게 저는 보았기에 저는 압니다.

지금도 저 넓은 들판에 또렷이 놓인 그 커다란 '사랑 덩어리'가보이는 듯합니다.

세상에 많은 어머님들, 고운 옷을 차려입고 봄나들이 나서는 하고 많은 세상의 어머님들 중에서 오랜 세월을 거쳐 땀이 베인 찌든 옷에 걱정에 싸여 눈물 속에 종종걸음 걸으시던 저의 어머님.

잠시 미국에 다니러 오셔서 아들 집에 머무시던 동안에도 가정 불화로 집을 나간 며느리 자리를 대신하여, 팔순의 굽어진 등에 애기를 업으시고 팔 소매 둘둘 걷으시어 집안일에 여념이 없으시던 어머님.

평생을 지나도록 거두어지지 않는 어머님 머리 위의 검은 구름.

'차라리 소낙비 한번 주룩주룩 쏵 쏟아내 버리고 단 한 번이라도 햇빛 쨍 비치는 날이 어머님께 열려, 기쁨 안겨 드릴 수 있다면 얼마나 좋을까?' 라고 안타까워해 봅니다.

상상의 나래 아래, 어머님의 그 무거운 어깨에 가만히 저의 두 손 조심스레 얹어봅니다. 행복 가득히 찰랑찰랑 넘실대는 언덕바지에 어머님 편안히 쉬시게 하고픈 마음이 간절합니다.

여자의 길, 저 또한 가족에 꼼짝없이 붙들린 몸, 마음대로 할 수 없는 이 자리. 저의 간절한 마음은 하늘을 나는 새들처럼 어머님과 함께 저 하늘 훨훨 날면서, 그 나는 제가 어렸던 그 시절 한때 처럼 다시 함께 노래를 불러볼 수 있으면 참 좋겠습니다.

삶은 연신 우리가 살아가는 삶의 행로에 꼼짝달싹할 수 없게 틀을 만들어 우리를 가두고 세상은 또 다른 묶음들을 그렇게 묶어 놓아 각각의 고락의 위치에 발을 꽁꽁 묶어 놓습니다.

어머님의 여식, 이 한 세상에 작게나마 부끄러움 없는 생명으로 살아보려 빛살 아래 눈부셔하며, 땀 흘려온 정성들여 부지런히 삶의 터전에 윤기 내어 보려 합니다.

이 무거운 짐을 짊어지고 가야 하는 삶의 현장에서 마음과 마음을

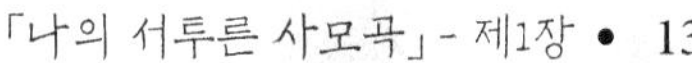

붙들어 이으며, 사랑으로 연신 피를 돌리며 살아가는 이 한 세상 어머님과 저, 그 정의 돌림에서 어머님은 항시 영롱히 반짝이는 별이 되어 계십니다.

매 하루를 분주히 살아내며, 이어지는 힘줄같이 질기고 질긴 '정 돌려 잇는 생명줄'로, 그 하루마다 꼭꼭 어머님은 저의 사랑과 배움의 풋대가 되어 왔습니다.

붙들 것 별로 찾지 못하는 이 한 세상 삶에서, 사랑의 밧줄은 이렇듯 이어져 갑니다.

고락의 삶을 하나로 묶어 엮어가는 저의 나날에, 유일한 보약 한 첩처럼 어머님은 저에게 이 세상을 온 걸로 안겨 주셨지만, 여식은 칠칠치 못하여 그 바라던 선에 오르지 못하여 끙끙댑니다.

그렇지만 어머님 그리워 하는 마음이야 어찌 그 누구보다 못하다 하겠습니까.

어릴 적 철없어 도리를 못 했고, 철 들고서는 마음 가는 곳에 몸이 미쳐 가지 못하여 한 번도 떳떳이 사랑하는 어머님께 해드린 것이 없어 불효막심한 여식.

그렇게 어머님께 닿지 못했던 무수한 세월이 지금은 뒤안길에 가득히 차곡차곡 무겁게 쌓였습니다.

풍상에 깎이신 어머님 모습, 속수무책으로 바라보기만 하는 못난 여식의 마음은 마냥 아려옵니다.

우리 집 긴 차도의 양켠에 아몬드 나무들이 초봄을 맞아 팝콘 같은 흰 꽃들을 복스럽게 가득히 피워 놓아, 이 새봄을 요란스레 열어 가고 있습니다.

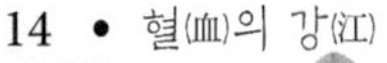

어머님을 그리는 마음, 그 꽃길로 뛰쳐나가 마치 어머님 거기 계신 듯 손 내밀어 어머님의 손을 잡아보려 하지만 잡히지 않는 그립고 그리운 어머님.

입춘이 지나고 봄은 화려하게 왔다 가지만 그리운 어머님은 오시다가 그만 길 잃어버리신 듯 합니다.

꽁꽁 뭉친 모진 세월을 헤쳐, 평생을 이 악물고 종종걸음 치시던 저의 사랑하는 어머님. 작게나마 저의 이 한 자리, 어머님이 가르쳐 주신 대로 소중하게 지켜 나아갈 것입니다. 또한 어머님 당신의 여식, 지금은 한 남자의 아내이며 엄마로 이토록 참으로 소중한 자리를 지키기에 바쁩니다. 어머님의 몸이 비록 먼 곳에 계신다 해도 어머님께로 향하는 여식의 마음은 항상 어머님 곁에 머물고 있습니다. 그리고 절로 공손해지고 있습니다.

인간의 생명이 영원하다면야 그 장장한 내일에 언젠가 정을 나눌 수 있고 효도할 수 있겠습니다만, 초로와 같은 생명, 어머님께 못다 한 여식의 정, 마냥 절절히 저의 가슴을 저려오게 합니다.

이 순간 지금은 어머님의 생각을 끝없이 펼쳐진 해변에 펼쳐놓아 봅니다.

평생을 고생만 하신 어머님.

여식은 안개가 끼고 물새가 날고 파도 소리가 철썩이는 이 해변에서, 오직 어머님을 그리워하는 사모곡으로 어머님을 모셔 봅니다.

어머님을 이곳으로 모셔와 파도치는 바다 풍경을 함께 바라보고 싶지만, 현실은 쉽게 그럴 수 없는 저의 미천함을 또 가슴 깊이 나무라며 애통해 봅니다.

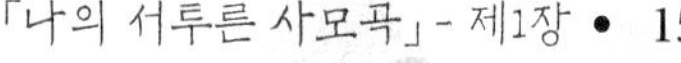

혹시라도 훗날에 어머님을 이곳에 모실 수 있다면, 어머님의 허리에 저의 두 팔을 두르고 파도가 철썩이는 이 해변을 함께 정답게 거닐어 보고 싶습니다.

손에 손을 꼬옥 잡고 수평선 너머로 사라지는 석양을 함께 서서 지켜보고 싶습니다.

이 세상에 태어나 긴 세월을 거쳐 살아오며 어머님이라 불러 온, 이 세상에 딱 한 분뿐이신 제가 사랑하는 저의 어머님.

받기만 하고 해드린 것 아무 것도 없어, 철이 들고서야 더욱 부끄러워지는 여식의 마음입니다.

어쩌면 '사랑은 내리사랑'이란 옛말에 그만 마냥 마음을 내려놓고 응석만 부리며 살아온 저였습니다.

어머님의 생각을 늘 하지만, 정신없이 분주히 살면서 순간순간 그만 잊고 살아온 무수한 날들이 또한 저의 살아온 뒷길에 빽빽이 깔렸습니다.

일장춘몽 같은 삶이 마구 속력을 내어 달리고 있는 그 생의 한 삶의 자락마다에, 어머님을 생각하는 마음 어디 한 번 백지에 꼭꼭 박아 놓아 보자고 토막토막 그리운 그 사모의 정을 서툴게 그려 나열해 놓아 봅니다만 어림도 없이 부족한 여식.

그 중, 그 '천만 분의 일'이라도 건져 놓아 볼 수 있을까 하여 그 마음 모아 적어 봅니다.

어머님께로 가는 마음 편편 간추려 네 모서리 꼭꼭 맞추어 백지에 담아보지만, 미숙하기 그지없는 재주, 마음뿐 그만 콱콱 막혀 버립니다.

어머님을 담아 실어가는 노트북 페이지 사이에 어머님께 보내드리는 저의 사랑인 듯, 예쁜 꽃잎 한잎 두잎 정성으로 끼워놓아 봅니다.

어머님께서 이곳 다녀가신 그 발자취들 깔린 저의 집 정원에 핀꽃잎들입니다. 토막토막 어머님 추억이 사랑 노래로 저의 귀를 간지럽힙니다.

'어머님의 손은 약손', 이 한 세상 살아가는 길에 어머님은 외로움을 달래주는 저의 스승으로 항시 저에게 머물러 주십니다. 지금은 천지가 고요히 잠들어있는 새벽, 어머님 생각을 제일 먼저 제 가슴에 모시고 아래 길 따라 걸어봅니다.

어린 자식들이 철없이 고된 어머님의 치마폭에 매달려 칭얼댔을 때, 두 주먹 꼭 움켜쥐고 평생을 그렇게 종종 걸음으로 살아오신 어머님. 자식 생각을 치마폭에 감싸 담고 장사 광주 리 머리에 얹으시고서 밤낮없이 빈촌의 그 언덕길 돌아돌아 오르내리시던 어머님의 그 모습이 세월이 많이 흘렀어도 절대로 잊을 수 없습니다.

이제와 돌이켜 생각에 묻혀 볼 때 슬픔인 것 같지만, 또 그것이 인간 삶의 순수한 사랑의 모습이며 행복 찾아 헤매는 인간 본연의 참 삶인 것이기도 한 것을, 이제와 어미의 마음되어 다시 뼈저리게 알아갑니다.

이제 새삼 저의 어머님의 한평생을 들여다봅니다. 옛적 시골 어느 평범한 박씨 집안에 5남매 중의 맏아들에게 맏며느리로 시집오신 어머님. 그리고 10여 년 동안 애기를 못 가지셔서 무척이나 애태우셨던 어머님.

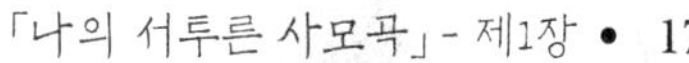

시부모님, 시동생들 식구, 시누이 식구까지 한 집에 모여 살면서 아래 동서들의 출산을 무척이나 부럽게 지켜보시면서 애 태우시며 슬퍼하셨을 저의 어머님.

어머님께서 들려주셨던 토막 얘기들엔, '육모초환'을 만들어 복용하셨고, 갖은 정성으로 불공도 드렸던 가없으셨던 저의 어머님의 노력과 정성들!

그즈음, 한국의 가족제도며 사회현상을 돌이켜 볼 때, 여자가 애기를 갖지 못하면 그 자리에서 쫓겨나던 그런 시절, 아버님은 혼자서 일본으로 훌쩍 떠나가시고 홀로 시댁에 남게 되어 더더욱 많이 슬프셨을 저의 어머님.

저는 어머님께 진 빚이 너무 많습니다. 저의 한없이 부족함을 돌이켜보며 절로 고개 깊이 숙여집니다.

어머님의 정성과 사랑의 만분의 일이라도 보답해 드릴 수 있었으면 좋으련만.

아직 컴컴한 새벽, 세상을 향해 가만히 두손 모아 앉아 눈 감고 무엇인지 아슴아슴하기만 한, 어머님께로 향한 마음 무언가를 간절히 빌어봅니다.

조무랑 추억들이 칸칸으로 길게 이어지며, 세월이 슬쩍 지나가고 있음이 꼭 마치 지금 눈앞을 홱홱 지나가고 있는 저 긴 열차이기라도 하듯이 갖가지 옛날 생각들이 그 긴 칸칸에 실려 지나가고 있습니다. 그 중 한 칸엔 난데없이 강원도 한 두메산골 상동 중석광산이 또 실려, 그 한 칸에 섞여 보이는 어머님. 또 한 칸엔 '예천'

에서의 모습, 또 다른 칸칸에 실린 장면들.

어린 애기 동생을 집에 남기고 외딴 강촌으로 장사 나가셨다가, 밤에도 돌아오시지 않아 배고파 앙앙 울어대는 동생을 애타게 달래보던 때 모습, 또 다른 한 칸에서는 배고파 도토리 삶아서 먹던 그때 모습, 우리가 신문지 나뭇잎이라고 불렀던 잎을 따다 밀가루 묻혀 쪄먹으며 고픈 배 채우던 시절, 찐빵 서툴게 만들어 집 앞에 내어 놓고 팔면서 철없이 혹시나 친구들이 지나가면서 볼까 하여 부끄러움에 어쩔 줄 몰랐던 그런 나의 어린 시절의 추억. 그 기차의 또 다른 한 칸에 함께 실려 마치 옛날을 싣고 지나가는 기차마냥 그렇게 저 멀리 지나가고 있습니다.

어머님과 저, 우리 가족의 역사 위에 그렇게 무섭게 소낙비가 쏟아졌고, 사납게 억센 바람이 불었고, 무릎까지 묻히는 삶의 차가운 눈이 또 내렸습니다.

어머님과 저와의 둘만의 단 한 번의 잊을 수 없는 〈엄마와 딸〉의 디즈니랜드 여행은 이 한 삶에서 우리의 특별 페이지를 남겼지요. 그렇게 딱 한 번, 세상 한 켠에 저희들 모녀의 정으로 남긴 그때는 이제는 추억의 한 토막으로 남아 버렸습니다.

어머님 그리워하다가 이제 저 또한 어미 되어 그 중간 자리에서 올려보고 내려보느라 바쁜 이 자리, 어머님을 그리워하면 할수록 또 자식들로 향해 내려다보는 마음도 깊어지고 있습니다. 그 중간 자리에서 가끔 어머님을 잊어야하기에 마냥 마음이 아려오는 이 인생수업은 끝없이 이어지고 있습니다. 한시도 자리를 떠날 수 없게

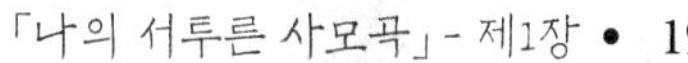

이 세상 모든 사랑의 시초는 바로 여기서부터 시작되었음을.

그래도 자꾸 슬퍼짐은 사랑이 맺은 열매가 익으면서 잡았던 손을 놓아주며 익은 열매를 보내주는 것입니다.

그 얻고 잃음을 또 달리, 어찌 '서운타', '슬프다' 아니 하겠습니까?

'시작이 있으면 꼭 그 끝의 마감도 있듯이' 고리고리로 이어져 잡힌 사랑이 벌써부터 많이 슬퍼집니다.

어머님께서 저희 집에 잠시 와 계셨을 때, 이른 아침 아이들 등교 돕느라 차에 시동을 걸려면 얼른 자동차 뒷자리 차지하시며 어린아이처럼 무척이나 좋아하시던 어머님.

집으로 되돌아오는 길에 가끔 버거 킹 (Burger King)의 한 조용한 구석자리에 마주보고 앉아 오붓한 둘만의 시간에 물설고 낯선 만리타국 땅에서 짧은 한 때, 오랜만에 딸을 온전히 차지하시고 귀여워라 아까워라 어쩔 줄 몰라 하시던 어머님!

끝없는 정을 서로 주고받던 우리들의 한 때, 그 짧았던 순간순간들의 모녀의 온전한 사랑, 어머님과 딸의 그 짧은 순간을 무척이나 기뻐하시던 사랑하는 저의 어머님 모습을 잊을 수 없습니다.

우리는 까아만 머리로 노란 머리의 서양 사회에서 서로 손 꼭 잡고, 잠깐이나마 한 페이지에 모녀의 오붓한 사랑을 남길 수 있었던 순간들을 그나마 돌이켜 보는 날에 가슴 뿌듯함을 느낍니다.

지금은 추억 한 토막으로 남은 그리움뿐.

여기의 아침 6시가 그곳 한국은 오후 11시.

도대체 함께 떠날 시간이 도저히 맞지 않습니다.

어머님, 이미 주무시려 침실에 드셨을 것입니다.

안녕히 주무세요.

부족한 여식, 어머님 어깨 위로 조심스레 이불 덮어 드립니다.

어머님을 그리워하는 저의 마음 태평양 푸른 물에 실어 보내봅니다. 문 밖에서 '어머님'을 불렀지만 못 들으셨는지 문 안 열어주셔서 또 그냥 돌아옵니다.

불효여식 돌아와 먼 이역 땅에서 문안 인사드립니다.

이 세상 씩씩하게 살라고 어머님께서 저의 손에 반짝이는 열쇠 하나 쥐어주신 뒤, 그 열쇠를 꼬옥 손 안에 움켜쥐고 걸음마 배워가며 열어 온 세상. 어머님은 아실 것입니다. 그 열쇠로 무엇을 제가 열어보기를 원했던지를.

어머님의 여식은 손 안에 그 귀한 열쇠 꼭 움켜쥐고 오늘도 기다립니다. 어머님께서 저에게 원하신 세상을 틀림없이 열어보기 위해.

어머님 자리, 백옥으로 남는 자리

어머님 자리, 거룩한 자리

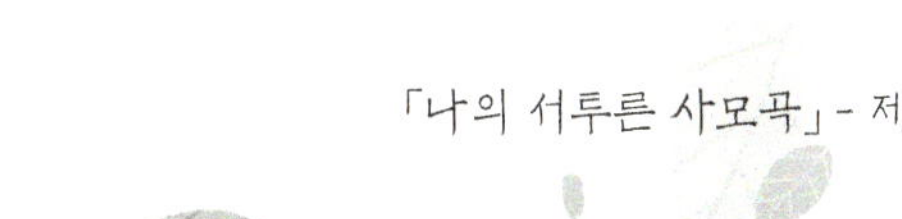

오직 학이 나르고, 송진 냄새 나는 자리
저 외로울 때면, 어찌 용케 아시고 달려와 주십니다.
백설 위에 쫑쫑 사랑의 발자국 남기시며.

머리 감아 빗고, 햇살 드는 방에 어머님의 생각을 고이 들이면
마알갛게 씻은 마음 한복판에 피는 한 송이 사랑 꽃, 어머님

어머님 역시 저의 이름 부르시고 계신 것 같아 그 음성 들릴까 조용히 귀 기울입니다.

이 세상에서 어머님과 자식의 애틋한 정을 다 빼어 버린다면 세상은 분명, 텅 빈 집이나 다름없겠지요.

'모정의 정' 위로 촉촉이 비가 내려 사랑의 싹 틔우더니 어느덧 낙화하는 꽃잎 아래로 설움 조각들마다 팔락팔락 바람에 날립니다.

강보에 싸인 귀한 생명들이 끈끈이 이어가는 이 한 세상 눈물겨움!

제게 지어주신 그 이름, 믿을 '신(信)'과 사랑 '애(爱)', 그 '신애(信爱)'라는 아름답게 꼭 그렇게 살아야겠다고 비록 많이 늦었지만 또 다시 굳게 다짐해 봅니다.

어느 날, 어머님이 들려 주셨던 결혼 전 어머님의 처녀시절 이야기 토막들.

1920년대, 그 시절 여자들은 학교 교육을 받을 수 없었지만 어머님은 예천 서부학교를 다니셨고 노래도 잘 하셨고 그림 그리기에도 뛰어나셨다지요. 남자들과 함께 어울려 섞여 테니스도 치셨다고 들

려주시던 소위 그때의 '신식 여자' 저의 어머님.

그 무렵 사진으로 남기신 어머님 모습은 참으로 빼어난 미인이셨습니다.

돌이켜 보면 '나' 꽤 어린 나이에 철없었을 적에 집을 떠나 서울로 공부하러 떠났었기에, 철들어 어머님과 깊은 얘기를 나눌 기회가 우리에겐 별로 없었습니다.

어머님께 해야 할 효도를 미루고 또 미루어가며 여지껏 살아 온 긴 세월 후, 참으로 멀리 와서 다시 뒤돌아보는 날 그지없이 부족하나 이것도 효도라 여기며 어머님께로 향해 어쩌려고 이렇게 가슴에 가득 밀려 담긴 정을 풀어놓아 봅니다.

올해가 신미년, 1991년 새 아침에 제가 눈부셔하며 빛살 따라 생각이 제일 먼저 가 본 곳에 저의 어머님이 계셨습니다. 마냥 가난과 맞서 싸우셨던 빛나는 눈빛으로, 오직 자식들 살려내어야 한다는 그 한 가지 일념의 꿈 가슴에 가득 끌어안아 담으신 어머님이.

무지의 숨결에 올라타고 쏜살같이 속속 지나가고 있는 시간, 세월.

그 누가 부리는 요술?

그 누구도 어쩔 수 없는 살아가는 고행의 길!

한 생명은 한 삶은 그저 급급히 정신없이 앞으로 나아가기 위해 허덕허덕 어제를 기억할 틈도 없이 달리고 또 달리면서. 어제에 대한 감사는 늘상 내일 내일 하면서 미루다가 그렇게 한 생이 바람같이 불어왔다가 또 사라져 버리고, 삶은 그렇게 그런 저런 핑계의 연속이었습니다.

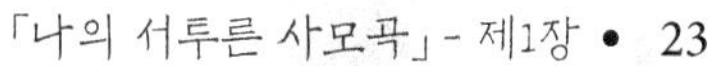

한국 전쟁 후, 상동 골짜기에서 어머님께서 종종 걸음치시며 우리들을 살아남기신 것은 기적이며 그곳은 바로 어머님의 승리의 장소였습니다.

원주시 명륜동 빈민촌의 언덕길을 머리위에 무거운 장사 광주리 얹고 오르내리시던 노고, 그곳 또한 어머님의 승리의 장소로 남았습니다.

어머님의 길은 그렇게 가이없이 빛나는 길이었습니다.

서울에서 학교를 마치고 짧은 직장 생활 후, 곧바로 1962년에 도미하여 어머님과 헤어져 살아 왔던 그 긴긴 세월 우리 서로 잃고 살았던 모녀의 수많은 정과 속삭임들, 지금 생각해 볼 때 그렇지 안았다면 좀 더 많이 외갓집 얘기며 힘드셨던 시집생활에 대해 들었을 텐데.

일본에서 한국인을 조센징이라 부르며 험하게 대했던 그 시절의 서러웠던 많은 얘기들이며, 또 세계 2차 전쟁에 대한 많은 얘기들을 죄다 물어보았을 텐데. 아쉬움들이 저의 가슴에 가득 차여 오늘은 가득히 그 아쉬움에 잠기게 되고 물어보고 싶어도 이 세상에 더는 계시지 않는 어머님.

그 어려운 시절에도 용케 곧장 아버님을 따라 일본으로 건너가 다시 아버님과 합류하셨던 저의 어머님. 그리고 곧바로 생활 전선에 뛰어들어 일본의 어느 공장에서 일을 시작하셨으며 그 시절 그곳 한국인들이 차별당했던 일들을 토막토막 슬쩍 들려주셨지요.

그 시절 아버지는 뚜렷한 기술없이 별 할 일 없는 난봉꾼들에 섞여 놀음판에서 많은 시간을 보내시면서 여러 번 관청에 잡혀 들어가 몇 밤씩 철창에 갇히시면 어머님이 가셔서 아버님을 빼내어 오셨다고 그곳 간부들이 늘 말하길,

“이처럼 아름다운 ‘옥상’을 두고 왜 정신 못 차리느냐”고 충고를 빼놓지 않았었다고.

그 무렵, 기모노를 차려입으시고 찍은 사진속의 어머님의 미모는 참으로 남달랐습니다.

어머님은 젊으셨을 적 노래도 잘 부르셔서 일본에서 어느 작곡가의 레코드판을 내어 보라는 권고도 있으셨다지요. 하지만 아버님의 격한 반대로 마음을 접을 수밖에 없으셨다며 남겨 두셨던 한 작곡가의 사진을 훗날에 저도 들여다볼 때, 전형적인 예술가 모습다운그 작곡가 사진이 참으로 내게 인상적이였지요. 그때 만약 어머님이 곧장 가수가 되는 길로 나가셨더라면 하고 뒤늦게 아쉬워해 보면서 어머님의 삶을 다른 행로로 그렇게 머릿속에서 펼쳐놓아 보았던 때.

그런 삶 속에서도 잊을 수 없던 어머님의 간절했던 소원. 애기를 갖기 위해 100일을 밤마다 머리를 감고 불공을 드렸었다는 어머님,그런 후 어느 날 밤 꿈에 거북이 등을 타고 바다 수심 깊이 내려가용왕님을 만나셨고, 그 후 저를 얻었다고 들려주신 한 토막 이야기!

그 때가 1938년, 나는 그렇게 한국이 아닌 일본 도교에서 부모님의 참으로 귀하고 귀한 딸로 이 세상에 태어난 어느 날, 밤새 앙

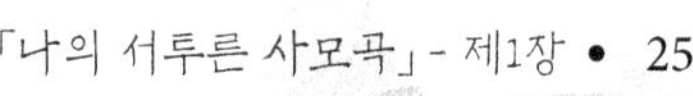

앙기를 쓰고 울어 애기 키우는 것이 이런 것이냐며 어쩔 줄 몰라 하셨지만 내 귀에 염증이 생겨 아픔을 호소했던 것을 몰랐었다고. 그토록 정성들여 저를 얻으신 후 금이야 옥이야 저를 키우신 어머님께 제가 진 빚이 너무도 많습니다. 살아온 날들을 뒤돌아보는 날에 저의 한없이 부족했음에 마냥 고개 깊이 수그러지는 것을.

정성으로 뜨개질한 옷을 만들어 저에게 입혀 사진으로 남겨 놓으신 저의 사진 한 장, 마치 저를 인형인양 기모노를 예쁘게 입혀 그렇게 또 남겨놓으신 다른 사진을 보면 저는 부모님께 얼마나 귀한 딸이었던 나를 곧바로 인정하지 않을 수 없습니다. 그리고 남동생을 얻기까지 5년이란 세월 동안 그렇게 사랑을 독차지해 온 저는 부모님께 그런 귀한 딸이었습니다.

어머님께 못다 한 여식의 도리, 어머님의 그 정성에 만분의 일이라도 돌려드릴 수 있었으면 좋겠습니다. 이토록 이미 저의 한생이 많이 늦어져 버린 날에, 천지가 아직 고요히 잠든 새벽에 우선 두 손 가지런히 모아 좌정하고 고요 안에 몸담아 정성으로 앉았습니다.

어머님과 함께 해 온 이 세상에서의 무수한 조무랑 추억들이 갖가지 옛 영화 필름의 한편처럼 빙빙 돌며, 험난했던 우리들의 삶이 혈맥처럼 돌아돌아 갖가지 옛 일들이 머릿속을 가득히 채우며 지나갑니다.

〈길〉

추억만 띄어 놓고
나 홀로 떠나와
뒤로 눈물로 갖힌 아우성
옹기종기 못 따라 와
추억 속에 갇혀 남은
아픈 그림 편편들.

오늘
허허 벌판을
'길'이라며 가네.

이리로 오지 않았다면
길은 아니었을 것을.

- 박신애 시집 〈너무 멀리 와서〉 중에서

2

어머님께서 태어나신 예천은 내가 6살 때 일본에서 귀국하여 내 어린시절을 보낸 내겐 이런저런 추억이 많은 곳.

고택과 옛 마을이 많은 예천, 오두막집들 그 사이로 피어오르던 저녁연기며 낮은 산봉오리 아래로 다닥다닥 이어진 들판에 고개 숙여 노릇노릇 익어가던 벼들. 물이 찬 논에 맨발로 들어가 골뱅이를 주우면 맨 다리에 찰싹 붙는 거머리를 떼어내던 곳.

이른 봄이면 빈 들판에서 냉이를 캐고, 키 큰 나무들이 살고 있는 산자락에서 비가 내린 뒤 땅을 뒤집고 고개 들기 시작하는 갖가지버섯을 따고, 가을이면 동무들과 어울려 주인 몰래 콩밭에 들어가 노랗게 익은 콩을 그 포기채로 뽑는 콩서리를 하고, 새까맣게 된 입가로 웃음을 흘리던 할미꽃 꺾어 귀 뒤에 꽂아보던 나의 열 살 적의인생. 그곳은 내 삶에서 어쩌면 가장 즐거웠다고 할 수도 있는 곳.

예천은 또한 내가 그 비극의 6.25를 겪었고, 가난에 쪼들려 고생 고생 전전긍긍하던 내 방황의 시절을 보낸 그렇지만 그곳은 양부모님의 뿌리가 깊게 내려진 고향.

나는 이제 노인이 되어 고향으로부터 멀고 먼 타국에서 고향 그리움에 묻혀 예천을 다시 들여다 봅니다.

‘예천’ 하면 소백 준령의 높은 줄기가 감싸고 낙동강 내성천이 흐르는 배산임수의 명당, 은근과 끈기가 스며있는 충효의 명당입니다. 예천의 유래는 단술이라는 ‘예(醴)’ 그리고 샘이라는 ‘천(泉)’으로 물맛이 좋아 단술같다고 합니다. 부족국가 시대엔 호로국, 삼국시대에 와서 신라의 경덕왕 16 때에 처음으로 예천이라 이름지어 불렀다고 합니다.

근래에 와 널리 알려진 〈활의 고장 예천〉은 많은 양궁들이 자랑스럽게 목에 금메달을 걸었습니다. 예천은 낙동강 줄기가 흐르고 소백산의 줄기가 감싸는 곳으로 옛 선비들이 과거를 보러 다니던 길의 삼각주막이며 생태문화, 민속 문화 자원들이 전시되어 있는 강문화 전시관, 비룡산 아래 세워진 회룡포 전망대, 암산과 숫산 사이에 사랑으로 만나 두 딸을 낳았다는 희룡포 뒤쪽의 하트산도 있다고하니 한번 보고 싶습니다. 그리고 조선 태조가 도읍지로 정하려 했던 금당실 전통마을, 청동기 시절의 그 고인돌 금곡서원과 사당도, 더욱이 한때 나는 대학에서 고고학을 나의 두 번째 과목으로 택했던 때가 있었음으로 그 용궁 토끼 건빵이라는 것도 이제와 한번 냠냠 맛보고 싶습니다.

어머님은 딸 넷, 그리고 아들 하나인 5남매 중 둘째로 저의 외할머니께서는 일찍 세상을 떠나셨고, 그 옛날 옛적 사진으로 모습을 남겨 놓기란 쉽지 않았던 지라 사진 한 장마저도 없기에 나는 외할머님의 모습은 알 길이 없습니다. 요행이 흰 두루마기에 갓을 쓰고 계신 외할아버지의 사진 한 장이 남아있는 것을 나는 한국을 떠나

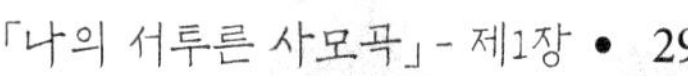

올 때 어머님 몰래 사진첩에서 빼서 갖고 왔습니다. 이제 내 나이 팔순을 훨씬 넘어 오늘 새삼 그 옛날 사진들을 펼쳐놓고 다시 많은 생각에 깊이 잠겨보고 있습니다. 혹 어머님이 그 외할아버지를 닮았었나 하면서 자세히 들여다보고 또 들여다보지만, 별로 닮지 않은 것 같아 어머님은 내가 얼굴도 모르는 외할머니를 닮은 것이 분명하다고 저는 결론을 내리고, 그렇다면 외할머니는 분명 미인이셨을 거라고 그렇게 단정해 봅니다.

어머님이 들려주셨던 옛적 얘기들 중 가장 놀라운 얘기 하나는 오늘날 사회 풍습으로는 도저히 이해할 수 없고 믿을 수 없는, 거짓말 같은 그때 그 시절 사회에 행해지던 어떤 행각들. 외가 쪽으로는 어머님 위로 언니 한 분, 그리고 저의 어머님, 그 아래로 또 연달아 딸 둘, 맨 끝으로 참으로 귀하고 귀하게 얻은 막내아들, 곧 저의 외삼촌이 있었습니다.

그런데 이야기인즉, 혹 잘못 대가 끊길까 염려되어 외삼촌 나이 12살에 장가를 보내셨다는 참으로 믿기 힘든 얘기. 외숙모로 맞은 처녀의 나이는 17살. 외삼촌은 밤이면 부인방으로 아무리 밀어넣어 보지만 곧바로 외할머니 품으로 쪼르르 찾아 들어와 잠이 들곤 하셨다는 우스꽝스럽고 거짓말 같은 얘기들은, 오늘을 살아가는 나에겐 참으로 믿을 수 없는 이야기 한 토막이 아닐 수 없습니다.

참말로.

그래서 어떻게 되었느냐고 모두들 묻겠지요?

다시 내 외가쪽 이야기를 이어가 보면 이렇습니다.

어머님이 일본으로 건너가신 뒤 좀 더 세월이 지난 후, 외삼촌과 외숙모께서는 만주로 떠나가셨답니다. 그 무렵 한국 실정이 그런 때였던 것 같습니다.

훗날, 어머님은 그 외삼촌의 행방을 수소문을 해보느라 사방으로 알아보셨고, 한국이 남북 이산가족 찾기로 눈물바다를 이루었을 때도 어머님은 혹시나 하시면서 매 장면마다 하나도 빠짐없이 지켜보셨답니다.

왜? 어째서? 만주라는 의문을 갖고 기록을 찾아보았습니다.

그리고 여기에 많은 한국민이 만주로 갔었던 기록이 있어 적어보았습니다.

만주로 이주 7가지;

1863년 766명

1881년 1,164명

1908년 45,397명(계절 출가 이민)

그리고 소련의 1935년 카자흐스탄 지방으로 강제 이주 정책.

거기에 항일 운동을 위한 다수의 애국자들의 만주로의 망명.

다시 어머님 얘기를 여기에 적어보면, 어머님은 그 옛날 여자들이 차별받으며 교육을 받을 수 없었던 시절에도 용케도 학교를 다니셨답니다.

1911년에 개교한 예천 공립보통학교란 학교.

하지만 1945년엔 예천 서부국민학교로 개명된, 한때 예천읍에는

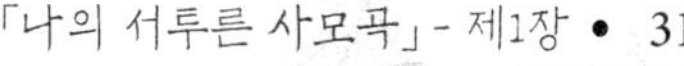

예천 서부국민학교, 예천 동부초등학교 서로 다투기라도 하듯이 건제해 왔는데 그것을 알고 있는 것은 내가 또한 예천 동부국민학교를 다녔기 때문입니다.

자세한 이야기는 들려주시지 않으셨지만 학교를 다니시며 그 시절 행해지던 여자들의 차별과는 달리, 자유로이 남자들과 어울려 테니스도 즐기시면서 좋아했던 남자가 있었던 것 같습니다. 하지만 아버님과 결혼을 강요당하면서 방문 닫아걸고 많이 울었다고 슬쩍 한 번 얘기 들려주셨던 적이 있습니다. 그리고 훗날 좋아했던 그 남자는 부유한 집안의 남자였음도 귀뜸으로 알게 되었습니다.

저의 아버님은 예천읍에서 5리쯤 떨어진 통명동에 살고 계셨으며 예천읍에 있는 교회 청년단에 나가고 계셨다고 합니다. 그리고 어머님을 탐내신 듯 합니다.

어머님 위주의 얘기로 한편의 이야기를 시작해 다듬고 있기에 여기에 저의 아버님 얘기는 생략하려 합니다.

일본에 거주하는 동안 제가 기억하는 어머님은 나름대로 행복하셨던 것 같습니다.

그곳에서 간곡히 원하고 원하던 딸, 아들까지 얻으시고는 다른 더 무엇을 바랄 것 없도록 행복하셨던, 꿈같은 나날이셨던 것이 분명합니다.

기모노를 곱게 차려입으시고 친구들과 어울리던 시절에 어머님이 남겨놓으신 사진들이 그렇게 말하고 있습니다.

지금도 내 기억에 어렴풋이 남는 것은 제법 아담한 집으로 아직껏 기억에 선하게 남아있는 다다미방이며, 집 뒤쪽으로 놓인 주방, 그리고 주방에서 뒷문으로 나가면 개천이 졸졸 흐르고 있던 곳입니다. 밥을 잘 먹지 않아 어머님 속을 썩여 드렸다는 그 뚜렷한 증거 하나, 내가 4, 5살 적 밖에서 사금파리를 장난감으로 갖고 다른 아이들과 놀고 있을 때, 어머님의 밥 먹으라고 부르시는 소리에 도망치다가 그만 넘어져 팔목에 상처를 입어 피를 줄줄 흘려 어머님 속을 썩여 들었던 것입니다. 그리고 그 상처 흔적이 긴긴 세월 거쳐 오늘날까지도 내 오른쪽 팔목에 희미하게 남아 있지요. 말썽꾸러기 어린 시절의 나, 여기저기 토막토막으로 남아 있는 일본에서의 기억들.

한번은 잠에서 깨어나기 바쁘게 내가 갖고 있던 동전 몇 푼으로 이른 아침 뒷문을 통해 집 밖으로 나가, 개천 다리 건너에 있는 작은 상점에서 사탕을 사려고 비로 인해 잘 보이지 않는 도랑을 건너는 다리에서 콸콸 흐르는 물에 그만 풍덩! 빠져버려 그때 그만 자칫 영영 아무도 모르게 바다로까지 떠내려가 버렸을 뻔했었지요. 운 좋게도 출근길 어느 한 젊은 남자분의 도움으로 구사일생으로 살아남았던 일. 그 젊은이는 나를 건져놓고는 곧바로 가던 길을 가버려서 부모님은 고마움을 미처 전하지도 못하셨던 저의 죽을 뻔 아슬아슬했던 순간의 일화.

일본에서 세계 제 2차 전쟁을 경험하면서 비행기 폭격 시, 때로는 옷장(오시루)에 들어가 이불 뒤집어쓰고 숨 죽여 있었던 때, 그리고 방공호로 뛰어가 숨던 일, 지진으로 땅이 흔들리던 때의 기억. 또 한 번의 생생한 기억. 한창 전쟁 중 긴자의 어느 한 거리에서 어머님과 음식을 사려고 긴 줄에 서서 기다리다가 어머님이 무슨 일로 긴 줄에 저를 세워놓고 꼼짝 말고 있으라고 신신당부하시고 잠

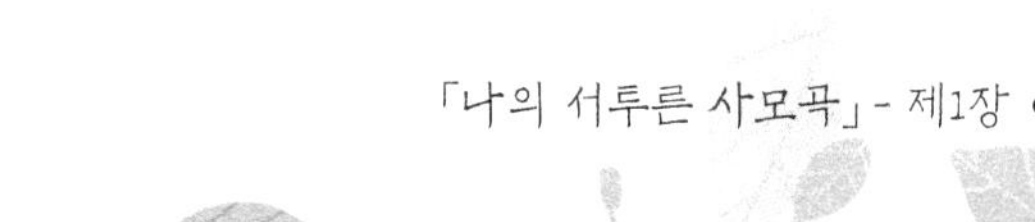

시 자리를 비운 사이, 제가 그 줄에서 나와 헤매고 다녀 어머님의 애간장을 태워드렸던 일, 등등.

저의 부모님은 일본에서 22년이란 긴 세월을 살았습니다.

저의 가족뿐만 아니라 나중엔 두 삼촌 식구들까지 일본에 합류하여, 한동안 일본이 마치 본향인 양 그렇게 모두 모여 살기도 했습니다. 거기에 더 보태 어머님쪽 이모 한 분까지 일본에 정착하여 서로 오가며 터전을 만들어 나갔습니다. 그 무렵 일본에서 자행되던 인종차별 같은 것엔 상관 않고, 조센징이라 손가락질 받으면서도 많은 우리 민족들은 그렇게 삶을 찾아 일본으로 모여들었던 것 같습니다.

외삼촌의 만주로의 이주, 왜 하필 만주였을까를 생각하면서 몰랐던 많은 사실들을 알아냈습니다.

생화학자 황우석씨의 연구에 의하면, 조선을 침탈해 오던 일제는 급기야 1907년 7월 황제를 강제로 퇴위시켜 버렸는데, 1910년 을사조약을 맺으면서 한민족이 만주로 이주했고, 당시 만주의 기온이 농사짓기에 좋았던 것 같다고 하였습니다. 한국민은 처음 시베리아 바이칼호로부터 이주한 것이 아니라 먼저 이란으로 내려와 청동기 문화를 습득했으며 파키스탄 동북부를 거쳐 만주 한반도로 왔다고 합니다.

인류 학자 이광규씨의 연구에 의하면 삼국 시대 신라인들이 당나라에 많이 건너가 신라방을 만들었는데, 마치 LA에 한국촌이 있듯이 그렇게 한국인이 많이 살았고 왕래했었다고. 하지만 국제 열강이 우리나라를 넘보기 시작하면서 민족의 이산이 시작되었다고 합니다. 기록상으로 보면, 1864년부터 6.25 시점까지 이산가족 10

만명이라는 엄청난 비극으로, 격동하는 사회와 국가의 소용돌이 속에서 한 일 합병까지 그 이전의 연해주와 하와이 노동 이민, 그렇게 그 이민의 발단을 살펴볼 수 있습니다.

어머님은 외삼촌 소식을 접하시려고 사방으로 알아보셨으며, 남북 이산가족 찾기가 눈물로 이어졌던 때도 혹시나 하시면서 지켜보셨지만 찾을 수 없었습니다.

하지만 그토록 애타게 찾으시던 외삼촌을 사람들의 입을 통해 결국 찾으셨지만, 외삼촌은 이미 세상을 떠나셨고 요행이 외숙모님이 두 아들과 두 딸들을 잘 키워 놓으셔서 눈물로 해후해 얼마간 다음 세대 사촌들 그리고 어머님과 외숙모도 깊은 정을 나눌 수 있었습니다.

〈 겨울 잔디 〉

흰 서리 이불 덮고
하이얀 꿈이
지금 푸른 강을 건너고 있네.

눈은 감았지만
님 잊은 것 아니네.

밤새 불사경 외우는 소리.

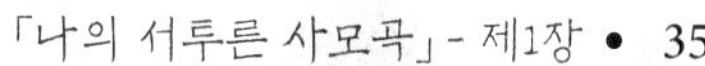

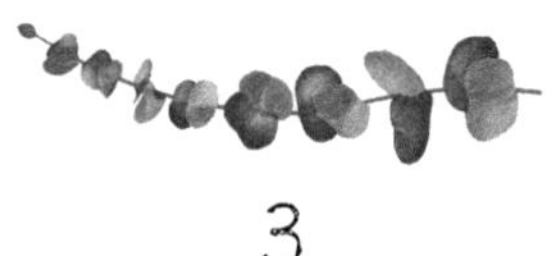

3

지금 생각해 보면 참으로 그 옛날, 1962년에 나는 고국을 떠나 타국으로 와 곧바로 결혼을 하고 연달아 엄마가 되었습니다. 그렇게 정신없이 살아오면서, 고향집 어머님께 그 무엇도 해 드리지 못하고 살았던 긴긴 세월이지요. 그보다 더, 물리학자 남편의 성공이 곧 부모님께 드리는 가장 값진 효도라 믿어 온 정성을 거기에만 쏟아부으며 매달려 살아온 세월입니다.

거대한 노벨상이란 꿈 아래 어쩌면 남편의 성공이 곧바로 눈앞에 보일 듯 보일 듯, 세계적 물리학의 거물들과 활발하게 학문을 교환하며 연구소에서는 침대까지 남편의 연구소방에 갖다주기도 했던 그런 시절. 하지만 삶은, 꿈의 성취는 마냥 그렇게 호락호락하지만은 않은 것을.

어머님 상하신 어치로 고생하셨을 때도 속수무책으로 보고만 있던 철없던 시절, 정성으로 미음 한번 제대로 끓여드릴 줄도 잘 몰랐던 불효.

흰 머리칼 섞이도록 이 나이 들고도 철들지 못한 여식의 응석이 어머님 멀리 계신 지금에 와서 크나큰 후회로 남습니다.

이것도 해 드리고, 저것도 해 드리려고 맹세하여 앉았습니다만, 어머님 앞에 서기만 하면 나도 몰래 또다시 그만 응석둥이가 되어 버리고 맙니다.

어머님으로 향한 그리움,
밤이면 꿈속에서 잇고
낮이면 생각으로 잇고
그렇게 어머님과 저 사이 잇는 탯줄, 보이지는 않지만
끊긴 것은 아직 아닌 듯이.

어머님 마음, 비 오나, 눈 오나, 바람 부나, 안개 끼나,
항시 저에게로 오시고 계십니다.
줄곧 다리 아프게 오시고 계십니다.

한세상 살아가는 길
사연 많고 복잡다단한 길
모녀의 정 하늘에 새겨져 남아
석양빛에 물들었습니다.

어렸을 적, 장질부사를 막 앓고 난 저에게 사람 되라 회초리를 들어 공부시키시던 일. 통명동 집, 느티나무 그늘 아래서 어머님과 정답게 불렀던 노래 가락가락, '금강석이라도 갈지 않으면 찬란한 광채가 날 수 없도다' 중학교 시절, 송사, 답사를 어떻게 읽으라고 지성으로 가르쳐 주시던 일.

처음 집을 떠나 기숙사로 옮겨 갔을 때, 손수 정성껏 곱게 한복을 지어 주셔서 기숙사 생활하는 동안 한복을 곱게 차려입고 어머님 생각에 묻혀 보냈던 또 그런 시절.

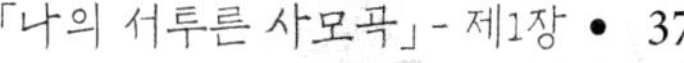

어미 새는 둥지에서 알을 까고
어린 새끼들에게 나르는 것 가르쳐 주듯이
제에게 나르는 법 가르쳐 주셔서
그만, 저는 이렇듯 아주 먼 곳으로
아니, 너무 먼 곳으로 훌쩍 날라와 버렸습니다.
바다 건너, 아주 먼 땅, 낯선 곳으로.

서툰 걸음으로 아장아장 걸어서 지금은 너무 멀리까지 와 버렸습니다.

뵙고 싶을 때 뵐 수 없는 곳까지 너무 멀리까지 와 버렸습니다.

어머님 곁을 떠나 헤매어 온 세월
수십 년에 또 수십 년, 아슴한 길
어머님은 저의 탯줄 끊어 놓으셨을 적에
어디로 저를 보내려 하셨기에

이렇듯 살아가는 길, 어찌 묘하다 하지 않을 수 있겠습니까?
낯설고 외딴 곳에 날려 온 씨앗은,
무성한 잎 피우고 또 꽃을 피워 열매 맺으며
지금은 저도 엄마가 되어,
꼭 제 어머님이 제게 했던 것처럼

저의 어머님은 이런 분이십니다
아름다우신 분
말에 앞서 행하시는 분
자식을 위해서라면 고생을 무서워하지 않으시는 분
험한 길도 마다하지 않고 헤쳐 나아가 보시는 분
깊은 강, 모진 바람 헤쳐 겁 없이 지나 오신 분
세월의 미로에서 빛으로 계시는 분.

어머님의 여식, 강물위에 동그라미로 파문으로 남아,
미처 어머님께 닿지 못한 저의 불효.

세월은 항시 효도할 기회를 주지 않고 마냥 빈 걸로 흘러버렸습니다. 그리고 정은 그 먼 길 오가며, 어쩌면 세월에 가로막힌 벽 높게 쌓았습니다.

어머님의 눈물 모여 강물되고
흐르지 못하고 고인 호수 되고
어쩌면 어머님은 저의 가슴에 숨어서 흐르는 눈물
어머님은 내가 곱게 간직하는 소중한 '유리상자' 하나.

어머님의 사랑을 불피우신 흰 재가 오솔길 따라 세월 위에 나란히 깔렸습니다

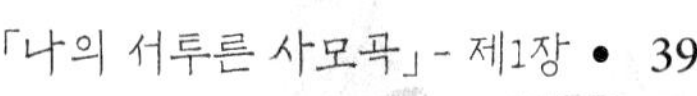

또 어머님의 힘 겹게 돌리시는 삶에 풀무질은, 한 세상에 힘찬 물살을 일어켜 주십니다.

하루에 한 번씩 익히라고 일러주신, '인의예절'.

그 귀한 가르침 따라 살려고 애쓰면서도 나도 몰래 그만 자꾸 인간으로 돌아가버려 돌아보면 부끄러운 길.

마음을 비우며 가슴 너그럽게 유한한 것 중에 무한한 것을 따르려 해도, 하늘의 부름을 잊고 인간의 부름받기를 즐겨 의롭지 못한 부귀공명은 뜬구름 같음을 잊고 있었습니다.

오직 고요한 물만이 능히 제 모습을 비춰 볼 수 있음도 그만 잊고 있었습니다.

무릇 하늘로부터 받은 본성을 보전해 가는 징표는, 스스로 믿어 두려워하지 않는 것임을 많은 때에 또 잊고 있었습니다.

〈 윤회 〉

이울진 풀잎 속에
속살이 보이기 시작하면
또 한 번 어린 싹을 틔우기 위해
비가 오는데
비를 맞으며
지나온 은빛 발자욱마다
고운 눈물 가득히 고이네.

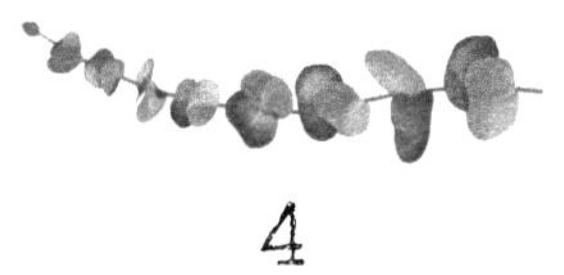

4

아직도 생각납니다.

한국이 일본으로부터 해방되기 얼마 전, 우리 식구는 고국으로 돌아오는 귀국선을 탔으며, 어린시절에도 심하게 뱃멀미하던 기억이 어렴풋합니다.

"어째서? 왜?"라는 어린 시절의 이유 같은 것은 저는 아무것도 모릅니다. 한 번도 그것에 대해 물어본 적도 솔직히 없습니다. 분명한 것은, 제 나이 6살쯤에 처음으로 저의 고국이란 한국, 아니 조선 땅에 막 새로 태어난 신생아 마냥 두 번째 나의 삶은 시작되었습니다. 그땐 일본과 한국을 오고 가는 길이 대부분 선박을 이용했다는데, 훗날 좀 더 철이 들어 들은 얘기로는 바로 해방 후 귀국선에 탔든 4000명가량의 생명이 귀국선 난파 사건으로 목숨을 잃었었다는 사실을 알았습니다. 어쩌면 우리도 그 변을 당했을 수도 있는 그 아슬아슬함에 놀람과 동시에 감사했습니다.

우리가 고향에 돌아와 다시 삶을 이어가기 시작한 곳은 바로 예천의 조그마한 농촌 마을 바로 통명동. 한국말은 전혀 할줄 몰라, 함께 귀국한 사촌들과 일본말만 사용하던 시절이 또 내게 그렇게 낯설었던 시절의 한 챕터가 있습니다. 언덕바지 군데군데 동그스럼 만들어진 봉우리 무덤들을 손가락으로 가리키며, 방공호가 많다라고 했었다는, 한 때의 '저'. 우리 가족은 할아버지, 할머니와 아직

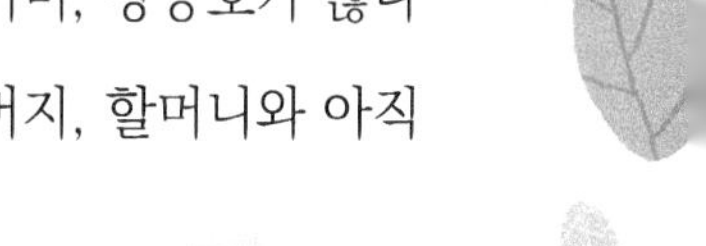

결혼 전의 처녀 고모들과 함께 시작한 제법 안락한 생활이었으며 아버님은 예천읍에 어물 상점을 차려 그럭저럭 생활 안정도 되어 저희 가족의 전성기라 불러볼 수도 있었습니다. 저는 그곳에서 남동생 둘을 더 얻어 우리 가족은 활기 있게 얼마간 살며 지낸 그곳이 바로 '저의 고향' 입니다.

긴 담뱃대 물고 마루턱에 종일토록 앉아계시던 할아버지. 자그마한 체격에 빠릿빠릿 재빠르게 행동하시던 할머니, 작은 고모 친구들이 저를 마치 인형처럼 서로 안아주겠다고 다투어 팔을 끌어 당겨 가던 때. 한국 시골의 그 면모를 그때 보아서, 지금도 저는 한국을 안다고 말합니다. 지금까지도 나의 한국은 어쩌면 그곳인 것을.

벼고랑 따라 메뚜기 잡던 친구들과 어울려 콩서리를 해서 먹어 입언저리가 새카맣게 되어 집으로 돌아오던 길, 포도 따먹던, 냉이캐던, 비 온 뒤 버섯 따던, 깊은 산에 들어가 고사리며 갖가지 산나물 캐던, 오리나 되는 등교길에서 추운 겨울 시린 손 호호 불면서 돌다리 건너 늦을세라 등교하던 길. 미나리 밭에 들어가 골뱅이 줍던 일. 그리고 종아리에 붙은 거머리 잡아당겨 떼어내던 일. 연못가 돌며 한여름 무더위에 땀을 뻘뻘 흘리며 잠자리채 들고 잠자리 잡아 꼬챙이에 끼어 가던 일. 등잔불 밑에서 친구들과 어울려 공부하던 일. 추운 겨울철 온돌방 아랫목에서 어머님의 다듬이질 소리 들으면서 시원한 동치미 무 들고 먹던 일, 배추 뿌리 깎아 냠냠 먹던 일, 송아지 '음메에' 제 어미 부르는 소리 귓전에 듣던 일. 할미꽃 꺾어 머리에 꽂던 일. 누에 애벌레에게 뽕잎 따다 주던 일, 배틀 위에서 천 짜는 여인네들의 모습, 가을 추수 때면 벼 이삭 타작 소리 은은히 들리고, 아이들은 콧물 훌쩍이며 팽이 놀이, 딱지치기, 자치기에 정신이 팔렸고, 설날에 긴 머리채 여자 아이들의 널뛰기하며, 단오절 바람에 치맛자락 펄럭이며 그네 타던 처녀들. 수두룩히 귀신 이야기도 섞여 무서워지는 시골의 밤 컴컴한 골목길 등등. 아직도 나에게 가장 큰 의미인 한국은 나를 눈물나게 그리워지게하는 바로 그곳인 것을.

나의 국민학교 시절의 가득한 추억과 더불어 절대로 잊을 수 없는 6.25, 한국전쟁의 그 무서운 추억은 내 조국, 한국을 기억하는 나를 송두리째 바꿔 놓아 버리기도. 내가 국민학교 5학년 시절, 무엇 때문인지는 기억은 못하지만 칠판에 손에 하얀 백묵가루 묻혀 그 다음날 해야 할 과제를 적어놓고 집에 돌아온 다음, 꽤 오랫동안 학교로 되돌아가지 못했던, 6.25전쟁.

그리고 시작되었던 피난생활.

노쇠하신 할아버지와 할머니를 집에 남겨두고, 삼촌 식구들까지 합세하여 피난길에서 겪었던 많은 일들을 아직껏 생생히 기억하고 있습니다. 피난 보따리 들고, 어린아이를 업고, 안고, 손 끌어 잡고, 더 깊은 산골길 따라 헤매었고, 모기 윙윙대는 낯선 남의 집 마당 빈터에서 밤을 꼬박 새웠으며 한번은 모기가 내 귓속으로 들어갔었던 경험도 있습니다.

산등성과 다른 산등성이 서로 바라보는 그 사이에서 마주보고 쏘아대는 총탄 속을 우린 용케 빠져나왔고, 또 어느 때는 어느 빈집 곳간에 숨기도 하면서, 맨땅에 배 찰싹대고 엎드려 폭격을 피해보던 그 아슬아슬했던 순간들도 있었습니다. 어리둥절한 가운데 아버님이 어린 동생을 등에 업고 계시면서도 아버님 앞에 줄서 가고 있

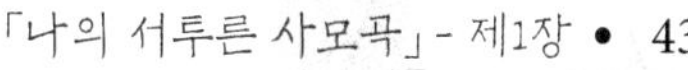

는 가족 중에 동생이 보이지 않는다고 놀라시던 때. 겁에 질려 땅에 엎드려 폭격을 피했음에도 그만 죽은 줄 알고 그대로 가만히 한참을 '죽었다'하고 계셨다던 겁쟁이 삼촌.

지금도 슬프게 뇌리에 남는 편편의 한국전쟁의 혼동, 내 뇌리에 남겨진 토막토막 그때의 비극들. 어렸지만 나는 분명 그때를 똑똑히 보았지요. 인민군이 남쪽으로 내려왔을 때, 같은 동네 이웃끼리죽이고 살리고 하던 현장. 이웃 사람 더러는 부잣집을 향해 불법으로 재산을 모았다며 인민군에게 고자질하여 동네 갑부 몇몇 남자들을 산 채로 개천가 모래 속에 묻어버려 죽게 한 일, 현세가 바뀌어 국군이 다시 귀환해 들어왔을 때, 이번엔 또 다른 편 사람들이 누구누구는 인민군 편에 있었다며 또다시 이웃 사람들을 무참히 살해하던 현장. 그 피할 수 없는 현장을 난 그때 똑똑히 지켜 보았습니다. 같은 피를 물려받은 같은 종족이 서로의 가슴에 총을 겨누고, 공중에선 웬 미 폭격기가 그 아래 아무 죄 없는 생명들을 겨냥해 마구 쏘아 죽이던 그 시절의 비극.

진정 무엇이 문제인가?

정녕 그냥 정답게 서로 손 잡고 살아갈 수는 없는지?

사모곡을 적어가다가 그만 옆길로 새어버릴 수밖에 없는 이 안타까움을 우리는 얼마나 더 견뎌야 하는지요.

그때 제가 처음 본 하얀 피부에 새파란 눈으로 알아듣지 못할 말을 혀 안에 굴리던 백인. 도저히 믿을 수 없도록 새까만 피부의 모습으로 입안에 무엇을 연이어 씹고 있던 흑인. 그런데 지금은 제 자신이 그들 무리 속에 어느 날부터 여기 이렇게 낯선 모습으로 함께 섞여 긴 세월 살게 될 줄이야! 그땐 난 꿈에도 생각지 못했던 일.

어머님
당신의 날개 아래서
티 없는 옥으로 남아
저의 하얗게 매끄러운 손

아직 뜨거운 것 만지는 것
미처 못 배웠습니다.

어머님 그리는 마음, 구름 한 점 되어
어머님 계신 곳에 단비로 내려졌으면

어머님은 밤마다
저의 가슴 중천에 보름달로 오시고

어머님 오직 저만의 달로 모시는 밤이면
저는 어머님 맞는 빈 하늘이고 싶습니다.

어머님 주셨던 정
모두 다 열어 보기에
이젠 남은 세월이 모자랍니다.

어머님 주신 사랑에 보답하기엔
이젠 너무 짧게 남은 세월

일장춘몽 같은 한 세월에

좋은 것 보면 어머님 생각나고,
좋은 것 모두 어머님께 드리고 싶습니다.
한 가슴 터질 것 같게

무수한 인간들 중에
조금은 슬픈 눈
때론 조금은 기쁘기도 한
저의 어머님만이 꼭 그런 저를
피를 빚어 만들어 놓을 수 있었음을.

마음을 비운다면서도
유한한 삶에서 무한한 것을 원해
욕심을 키우며

하늘의 부름을 잊고
사람의 부름을 따라
자칫 의롭지 못한 것에 빠지기 쉬운
뜬구름 같은 삶

오직 고요한 물만이
능히 제 모습을 비춰볼 수 있음을

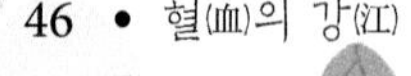

많은 때에 잊고 살았습니다.

구름은 오락가락 하지만
하늘은 꿈쩍 않고 남듯이
물은 흘러가도
언덕은 그냥 남아 있듯이

세월의 물살
급행으로 흘러가도
끊임없이 저에게 머무시는
어머님의 사랑

그립다,
그립다, 라고
골백번 외어 봅니다.
내 안에 쌓인 그 어머님 그리움
모두 다 비울 수 없이
하나 주면 하나 되돌려 받는 세상
하나 주고 둘 돌려받기를 원하는, 세상
세상사 모두 거꾸로 올라가보면
결국 어머님으로 시작하지 않은 것 없음을.

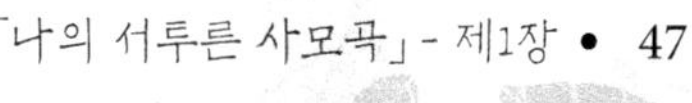

〈나그네〉

귀뚜라미 우는 소리
퍼져가는 길은 있는데,
나는 바람에 날리는
민들레.
바람은 날 미워라
여기 내려놓았네.

문패 없는 대문마다
기웃거리며 돌아서는 발길.
평생토록 맨발 나그네.

5

한국 전쟁이 지나고 난 후, 예천읍에 있던 아버님의 어물상점은 불타 없어져서 다른 일을 찾아야 한다며 늘 집을 비우셨습니다. 친구 찾아 사방 곳곳으로 다니시면서부터 집안 살림 사정은 순식간에 몰락의 길로 들어가 살던 집에서 조차 머무를 수 없게 되어 온 가족이 예천읍 군청 뒷 쪽 산기슭 빈촌의 작은 집으로 빌려서 옮겨가야 했고 난 결국 국민학교 졸업 후 중학교 진학도 할 수 없는 형편이 되어 버리고 말았습니다.

할아버지는 한국전쟁 후에 바로 돌아가셨고, 할머니는 다른 아들-삼촌 댁으로 가셨으며, 함께 살던 고모님들은 그 무렵 결혼하여 나가셨기에 그래도 좀 수월하게 우리 가족의 방황은 시작되었습니다.

교복을 입고 다니는 친구들이 무척이나 부러웠던 때, 그리고도 우리 가족은 그곳에서 견뎌낼 수 없어 결국엔 예천읍 어느 길섶의 방 한 칸을 빌려 지냈지요. 어머님은 할 수 없이 배고파하는 자식들을 마냥 굶길 수 없어 작은 보따리에 화장품 몇 가지를 담아 시골로 팔러 다니시던 어느 날, 젖먹이 갓난아기를 집에 남겨 놓으시고도 밤늦도록 집에 돌아오시지 못했을 때 배고파 앙앙 울던 동생 달래기에 어쩔 줄 몰라 쩔쩔매었던 그 한 때. 그날은 결코 잊을 수 없는 저의 기억이고, 그 무렵 또, 서툴게 찐빵을 만들어 집 앞에 조그마

한 상을 내어놓고 지나가는 사람들에게 팔면서 혹 친구들이 지나다 볼까 어린 마음에 많이 부끄러워한 경험도 있습니다.

이것 역시 저에게 조국 한국의 모습이기도 합니다.

그렇게 지내던 어느 날, 초라한 모습으로 집에 돌아오신 아버지는 서둘러 또다시 또 다른 곳으로 가족을 옮겨 놓았는데, 그곳이 바로 중석(텅스텐) 광산 상동이었습니다. 조롱조롱 보따리 챙겨 버스 위에 올라 꼬부랑 산길들을 돌고 돌아 도착한 곳, 아버님 친구분 한 분이 상동 시내 시장 부근에 여관을 운영하시는데, 그곳이면 일감을 찾으실 줄 아셨나 봅니다만, 결국은 그것도 아니어서 우리 가족은 길가 참으로 작은 어느 집의 방 안에 또 하나 방에 들었지요. 그 좁은 한 켠에 우릴 옮겨 남겨 놓으시고는 아버님은 또다시 훌쩍 떠나가시고 말았습니다. 어둠이 채 풀리지 않은 이른 새벽길엔 머리에 안전모자를 쓰고, 손전등 들고 일터로 향하는 광부들의 낯선 모습들이며, 길 아래 개천에 쭈그리고 앉아 중석 가루를 거르고 사람들이 너무나 낯설고 색달랐습니다.

삶은 또다시 허덕임의 연속. 할 수 없이 어머님은 또다시 시골로 화장품을 팔러 다니시고, 우리 어린 남매는 조막손을 서로 꼭 잡고 개울 물 졸졸 흐르는 칠랭이 골짜기 따라 땔감에 쓸려고 나뭇가지 주으러 다녔지요. 그때 어린 나의 눈앞에 펼쳐보였던 아주 색다른 광경들, 우리 또래 어린 아이들이 미군부대 밖으로 휘둘러 쳐진 철조망에 빈 깡통을 겨드랑이에 끼고 매달려 배고픔을 호소하던 한국 전쟁이 남긴 한 폭의 광경. 또 미군부대 주위의 마을 거리에 빨간 입술로 나와 앉아 있는 소위 '양갈보'라 불리던 젊은 아가씨들의 모습. 모두가 한국 전쟁이 부른 참으로 낯설기만 했던 모습의 편편 모습이었습니다.

바로 그때 내게 주어졌던 행운의 열쇠, 나를 오늘의 나로 있게 해준 그때를 저는 결코 잊을 수 없습니다.

얕은 물 졸졸 흐르는 개천가로 어린이들이 곰살곰살 모여 있던곳으로 나는 다가갔습니다. 거기서 둥그스름한 얼굴의 젊은 청년 한 분을 보았지요. 헐벗은 꼬마들에게 미군 부대에서 얻어 온 음식을 나눠주시던 그분에게로 다가간 나는 용감하게도 '나도 그들에게 한글을 가르칠 수 있을까요?'라고 물었고 "좋다"란 그의 대답을 받고부터는, 나는 매일 그 개천가에서 작은 칠판을 세워 놓고 한글을 가르쳤지요. 어느 순간 꼬마 선생이 되어 그들과 함께 노래도 불렀고, 그러는 동안 차츰 광산의 도움을 받아 우리들은 조막손 아이들의 손에 괭이와 삽이 들려지면서 결국엔 그 개천가에 〈영아원〉이란 이름의 작은 천막 학교까지 만들게 되었습니다.

그 젊은 청년 그분의 이름은 김순. 미군 부대 통역으로 계시던 분으로 저를 상동 중고등학교에 입학시켜 학교를 마칠 수 있게 해주셨고, 나아가 서울의 간호학교에 가도록 도와주신 저에겐 평생 잊을 수 없는 고마운 분입니다.

어머님, 그립다.

어머님, 그립습니다. 골백번 외쳐 봐도, 그리운 마음을 비울 수 없어 새벽길에 몸 단장하고, 저의 마음속 깊이에 어머님을 모셔봅니다.

모정의 사랑은 이렇듯 보이지 않게 험한 세월을 건너는 징검다리가 되어집니다.

강물은 끊임없이 도도히 흐르고 억센 물살에 정처없이 생명이 실려 뒤돌아 볼 겨를도 없이 흘러 흘러 지금 나 여기 어디쯤에서 그리운 어머님을 외쳐 불러봅니다.

하나 주면, 하나 돌려 받을 수 있는 것만 골라 오면서
또, 하나 주고 혹시 둘 돌려받을까 하여,
그렇게 사느라 그만 혼탁해져 버린 물살 뒤로 남기며
정으로 쫑쫑 깔린 삶의 여로에 사랑으로 밝게 불 켜가는
어머님의 초롱불 하나.

갈래갈래 갈라진 삶에 매달려 살아오느라 여태 어머님께로 닿지 못해 애달픈 이 길에서, 이제 늦게나마 요행히 작은 철들어 오늘은 어머님께로 직행하여 사랑 가득 싣고 달려가 봅니다.

거꾸로 거슬러 올라가보면 한 생명의 시초로, 그 끝은 결국 어머님으로 닿게 되어 있는 것을.

다가가고 또 다가가도 못 다 다가가는,
'어머님'이란 크나큰 그 원초의 이름에게로.

열흘을 가고, 일 년, 십 년, 몇십 년을 다가가도
못 다 다가가서 마냥 거기에 남는 '어머님 그리움'

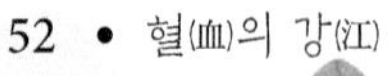

아린 정 쏟아 붓고 또 부어 보아도
여전히 여식의 가슴에 남아서 못다 비워지는 '어머님 그리움'.

긴긴 세월을 거쳐 어머님을 불러왔어도, 그 긴 세월 후에도
아직도 못다 부르고 남은 '어머님 그리움'

어머님 주셨던 정, 모두 다 열어보기엔 이젠 제게 남은 세월이 모자랍니다.

이 한순간 제 가슴 가득히 어머님 생각만으로 채워 놓아 봅니다.

세상 모든 진리의 뿌리가 어머님에게서부터 뿌리내려 자라는 어머님은 생명의 시초, 소리 없이 마알갛게 '정' 고이는 우물.

미숙한 저 철마다 철철이 어머님 모습을 제일 먼저 천상에 올려 놓아 봅니다.

여름이면 무성한 잎들 사이로, 그리운 어머님의 손잡고 걸어보고 싶고 가을이면 고향의 시골 논둑길따라 또 걸어보고 싶고, 겨울이면 혹한에 혹 어머님께서 감기 드실까하여 어머님의 생각 저의 품에 꼭 끌어안고 돌아보니 일장춘몽 같은 이 세상 삶.

이미 우수수 낙엽지고, 이것을 보아도 어머님 생각
저것을 보아도 또 어머님 생각
아름다운 것을 보면 가슴 콱! 메어오도록.

조금은 어머님처럼 저의 슬픈 눈, 또 조금은 기쁘기도 한 저의 눈, 동그스름한 코, 빠알간 입술, 이렇게 꼭 저같이 생긴 인간은 오

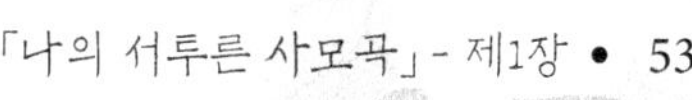

직 저의 어머님만이 그렇게 만들어 놓을 수 있음인 것을.

그토록 이 세상 통틀어 이 세상에 단 하나밖에 없는 귀한 생명으로 제가 이 땅에 두 발로 서 있습니다.

지금은 여기 조그만 멍석 깔린 자리에서 어머님께 다시 큰 절 올립니다. 무수히 많은 인간들 중에서, 세상에 단 하나밖에 없는 저는 바로 어머님의 딸입니다.

우리 멀리 떨어져 있다 하여도, 어머님은 언제나 또 제 가슴에 계십니다. 긴긴 세월이 지나 살아온 생명만큼 그 오랫동안 어머님의 풍성한 사랑 받아와 사랑으로 살쪄 포동포동한 저입니다.

어머님께 아무것도 해 드린 것 없어 한없이 부끄러워지는 마음 뒤돌아보는 세월에 얼굴 붉어집니다.

세월은 끝없이 흐르지만 짧기만 한 우리들의 생명
어쩌다 그만 짧게 남은 세월, 일 년이 될까요? 아님 십 년? 이십년?

그 남은 세월에 못 다한 도리를 등분으로 골고루 나눠
하루하루, 일분일초, 매초로 나눠 은혜를 갚을 수 있을까요?

우선은, 어쩌면,
제가 조금은 안다고 할 수도 있는 것으로
이렇게 백지 앞에 꿇어앉아 펜을 잡았습니다.

〈숨바꼭질〉

가고 있을 때는
가고 있음을 몰랐다가

멈추고 보면
온길이 보여

가다가 멈추고
멈췄다 가며
온길 이어 보다가

오늘은
가는 척하다 멈추고
멈추는 척하다 가네.

〈가슴 속 잔디발〉

은비 내리는
여심에 작은 꽃발
사랑인가 하고
애수만 가꾸네.

사랑인 줄 알고
고독만 불렀네.

가을날에 미소.
고궁에 핀
꽃 한 송이
충절을 배우네.

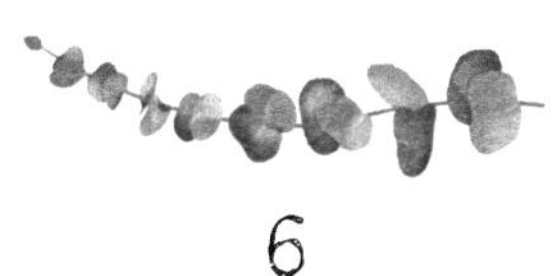

6

간호사가 되기까지 여러 해 어머님과 헤어져 서울에서 보낸 세월 후에도, 또다시 긴긴 세월의 이별을 이어 서로 헤어져 보낸 세월이 참으로 너무나 길었습니다.

한국전쟁 후 전쟁으로 파손된 한국이 재건되고 있을 1958년, 스칸디나비아 3국의 의료진과 의료장비가 서울 을지로에 세워진 국립중앙의료원(Medical Center)에 도착해서 외국 의료진과 함께 몇 년 동안 저는 새로운 기술들을 전해 받았지요. 무엇보다 그들의 '인간애'를 눈여겨보면서 그때 막 간호사들의 해외진출이 시작 되던 때, 어쩌려고 용감하게 그 무리에 끼어 겁도 없이 나도 고국을 떠났지요. 김포 비행장에서 사랑하는 어머님과 손 흔들어 이별했던 때가 1962년 마지막 무렵 추운 겨울 어느 날이었습니다. 2년 기한의 교환 간호사란 이름으로 그렇게 둥지 떠난 새처럼 훨훨 날아와 버린 이 땅이 바로 미국이었습니다.

그 2년이 연장되어 결국엔 60여 년을 보내 버린 세월동안에 또 무척이도 어머님을 그리워해 살아 온 세월. 그리고 그 중간중간, 잠시 아쉽게 잡아보던 어머님의 따뜻한 손길!

저희 집 정원 사과나무 아래 조용히 앉으셨던, 흰옷차림의 어머님의 영상, 그 그림자가 아른거립니다.

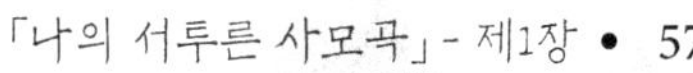

또 저희 집 정원의 배나무 아래서 갈색 옷으로 갈아입으신 어머님의 영상, 비화 나무 아래서의 보라색 차림의 어머님.

봄 기다리시며 서성이시던 편편의 모습들이 해마다 아른거립니다.

다시 정원 아래로 내려다보아도 어머님은 아직도 거기에 선 채로, 앉은 채로, 나무 아래 그늘 마당에서 쉬고 계신 듯 저의 감은 눈 안에서 아물아물거려 보일 듯, 잡힐 듯합니다.

나무 아래서 서 계신 어머님께로 달려가 두 손 잡아보려 하지만 부축해 일으켜보려 하지만, 잡혀지지 않아 빈손으로 돌아와 허전한 그리움.

어머님의 손 꼬옥 잡고 마음은 꽃길 밟아보지만, 저 혼자서 빈 몸으로 되돌아와 허전함에 눈물이 앞을 가립니다.

삶의 원리, 우리 한 그릇에 채워진 물과 같아도 헤어져 있다 해도, 그 그릇 안에 따로따로 빙빙 돌아 남습니다.

어머님과 저 기름 아닌 한 그릇 안에 섞이는 순수한 물같이 영원할 것입니다.

그러기에 우리 떨어져 있다 해도 서러워 말아요.

물같이 섞여 겹겹의 세월을 돌고 돌면서 우리는 영원할 거예요.

우리 다시 만남을 다음 달로 정해 볼까요? 어머님.

다음 계절로 정해 볼까요? 어머님.

따뜻한 계절이 다시 오면, 대기의 열은 데워져 생명 또한 그렇게 데워지면서 우린 한 그릇 안에서 영원히 함께 할 것입니다.

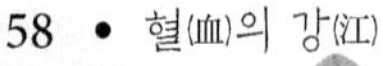

어머님, 우리 춘삼월에 나들이 옷 준비하고, 춘사월은 만남의 날로 정해 볼까요?

우리 다시 만날 적에 어머님의 침침하신 눈으로 저의 변한 모습 때문에 저를 못 알아보시면 어쩌죠?

어머님 늘상 저더러 "예쁘다"라고 하셨던 그 모습을 다시 뵐 그날까지 잘 다듬어 간수해 보려 세월을 곱게 달래봅니다.

오늘 저는 어머님 그림자따라, 이 황토진 땅을 일궈 씨를 뿌리고 들판엔 오곡이 익어 황금빛으로 물들어 고개를 숙이며 열매를 맺는 날들을 위하여 게을리하지 않을 것입니다.

여식의 마음 항시 어머님을 따라왔던 길, 그 그림자 들판에 가득히 차며 사랑으로 깔렸습니다.

생활의 고초 그 안쪽에 사랑의 속치마를 받쳐 입으시고 사랑을 안고 살아오신 어머님.

누가 사랑이 무엇이냐 라고 묻는다면, 저는 곧바로 저의 어머님께로 보내겠습니다.

그 누구도 선뜻 사랑을 한 마디로 뭐라고 말해 보일 수 없지만 저의 어머님 사랑만은 한 눈에도 훤히 보입니다. 열어 갈수록 향기 가득한 순 사랑 모형으로.

멀리 타국에서 제 마음속 깊이 줄곧 어머님 생각을 부둥켜안고, 광활한 세상 터전에 오늘도 저는 또다시 조심스레 자세 똑바로 세워 봅니다. 제 딴엔 '음'과 '양'의 균형 맞춰 겹겹으로 천지를 가득히 채

워오는 망량(그림자의 그림자)들에 섞여, 그 안에서 자기 원래 그림자 점차 잃어가며 사방이 아름아름 희미하게 잘 보이지 않는 '삶'.

바람일랑 피하지 아니하며, 바람들 데리고
고초일랑 무서워 말고, 고초들마다 손잡고
하나의 점으로 모이기 위하여, 안으로 날개 접어가는
저는 어머님의 그런 딸이고 싶습니다만.

어둠 더 할수록 별빛은 더욱 빛나듯이
가난한 마음 더하여, 윤기가 더하듯이
모름지기 숨은 겸손을 키워가는 저는 그런 어머님의 딸이고 싶습니다.

내일은 희미하여 아직 내일이 어떨지 모르기에,
할 수 있을 때 하는 저의 가슴속에 숨어있던 사랑하는 저의 어머님 이야기.

지금은 어머님께서 아직 계시고 저도 있는,
아직 주면 받고 받으면 또 줄 수도 있는 그런 좋은 날에.
사랑 때문에 아직 눈물도 흘릴 수 있는 아직은 그런 다행한 날에.

저는 지금 일분일초를 다투어 아껴 어머님께 못다 드린 말
단숨에 급히 적어보는 저의 부끄러운 '사모곡'

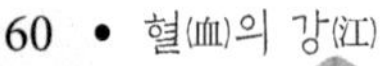

오가고 있음이 마냥 말뿐이라 할지라도
'사랑한다'는 그 쑥스러운 한마디.
가슴 속 숨은 불씨로 남아있던 '사랑한다'라는 그 한마디
부끄러워 여태껏 못 했던 '사랑한다'라는 그 한마디.

어쩌다 그만,
세상 사랑 전부 들통나 없어진다 해도
어둠 속에 영롱이 비춰 남을
어머님으로 향한 저의 사랑.

〈귀환(歸還)의 연속〉

저 산너머엔
얼마나 많은 세월이 쌓였길래
오고 또 오시는가.

차마 떼어놓기 힘든 마음
석양 빛으로 곱게 싸서
달래 보냈더니
먼동에 쌓여 다시 되돌아 오네.

아이는 종이 위에 낙서를 하지만
어른은 하늘에다 하는가?

아이는 지우개로 없애지만
어른은 뉘우침과 용서로 지우는가.

분홍 정성에 안겨
돌고 도는 꿈.

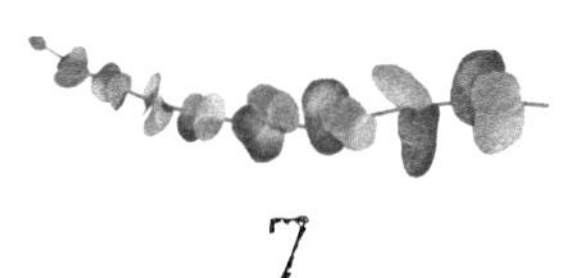

7

헤어져 있던 세월이 살아온 뒤편에 수북이 모여 높게 쌓인 후, 어머님께서 잠시 미국에 다니러 오셨을 때 낯선 곳의 이모저모에 무척이나 조심스러워하셨던 어머님.

그리고 생전 처음 보는 낯설기만 한 사위 앞에서 더욱 조심스러워하셨던 어머님. 발걸음도 가만가만 딸의 뒤꽁무니만 따라다니시며 어쩔 줄 몰라 하시던 어머님.

그리고 그 무렵, 처음으로 이 세상에서 '어머님과 저' 단 둘이서 해 본 딱 한 번의 모녀 여행, 그 한번의 디즈니랜드(Disney Land) 여행은 그래도 저의 대단한 추억으로 남았습니다.

그리고 제가 늦은 나이에 새삼 대학 과정에 적을 두고 다니던 그 때, 딸과 함께 손을 꼭 잡고 대학 교정을 구경하시며 딸을 무척 대견해 흐뭇해하셨고 자랑스러워하시던 어머님.

무엇보다 딸이 성심으로 지아비 섬기는 모습이며, 여러 자식의 알뜰한 엄마로 혼신을 받쳐 진땀 흘려가며 집의 안과 밖을 광 내며 알뜰살뜰 집을 꾸며 나가는 모습에 놀라시며, 흐뭇하게 그런 딸을 바라보시던 어머님.

어쩌다 세상 사랑이 모두 다 들통 나서, 사랑 불이 전부 다 꺼져버린다 해도 칠흑 어둠 속에 영롱이 비춰 남을 어머님의 사랑의 불씨 하나. 제가 어머님을 부르면 사랑은 불이 댕겨져 천지에 환히 불을 켭니다.

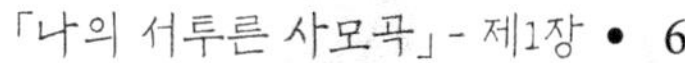

어리석은 여식 어리석게도 어머님께로 보내는 사랑을 전부 한 권의 지면에 채워보려 합니다.

어쩌면 차라리 입 열지 않았으면 온전한 순 사랑으로 남을 것을 서툴게 만지다 그만 사방으로 흩어져 버렸나 싶은 사랑 조각 부스러기들. 사방으로 흩어져 반짝이는 사랑조각들. 그래도 조심스레다시 주어 모아보는 정성으로 전해보는 어머님 사랑.

지난날을 다시 돌이켜보니, 더러는 아니 왔었으면 좋았을 것 같게 그렇게 왔던 인생길. 그리고 어쩌면 아니 가는 것만 못하게 지금 가고 있는지도 모르는 인생길. 골목마다 들락거려 어수선하게 갈래길만 남기고 미련스럽게도 한 권의 지면에 겁도 없이 어머님의 사랑을 몽땅 담아보려는 어리석음.

똑똑한 척하면서 불난리만 피워놓은 듯하여, 마냥 부끄러워지는 마음. 〈사랑은 자랑하지 아니하며〉라는 그 한마디를 되새겨 보면 가다가 멈추지 못하여 발이 진탕에 빠지고, 또 때로는 그만 너무 가 버리고. 저울 위에 평행으로 멈출 그 한 금을 지나쳐 버리고 온 또 그런 세월.

무턱대고 가기만 하면 좋을 줄 알고, 그렇게 멀리만 가면 더 좋을 줄 알고, 볼 수 있는 눈이 있어도 눈 뜨고도 보지 못하고 마냥 어둡다 불평만 하면서. 조금만 더 높이 고개 들면, 거기에 꽃들 피고 새들 날고 높이 열린 하늘이 있음을 몰라보고.

어머님께로 가까이 다가 가다가 마치 꿈에서 깬 듯이 눈앞에 세상사 많은 것들이 다시 보이기 시작하고, 어머님으로 이어지고 있는 그 아름다운 천지가 또 보이기 시작합니다.

어머님께서 살아오신 길, 어쩌면 다닥다닥 기워진 삶인 듯

어머님께서 필사로 쫑쫑 이어오신 그 값진 삶!

어머님의 헤쳐진 상처들을 따라가다 보면 갈래마다 눈부신 빛살들이 비쳐 보입니다.

어머님의 사랑을 전부 말해 보려면 끝이 안 나는 이야기.

짧은 이 한 삶에서 다만 중간에서 시작하여 중간에서 끝날수 밖에 없는 그런 저의 어머님의 사랑 다듬어 가신 이야기.

어머님께서 주신 그 풋풋한 사랑,

다른 아무것도 섞이지 않은 그 순 사랑.

정성으로 어머님의 사랑 펼쳐 놓아보는 어느 날 하루,

천지 가득히 공작새의 활짝 편 찬란한 날개처럼.

낯선 땅, 저희 집 정원에 또박또박 남겨놓으신 어머님의 발자취 위로 새봄을 맞아 갖가지 꽃들이 푸짐한 밥상을 차려놓은 것처럼 온갖 색으로 고운 꽃밭을 피워 놓았습니다.

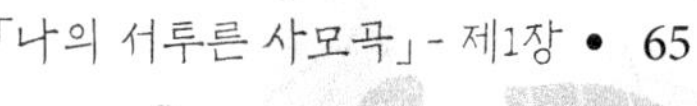

어머님께서 남기신 발자취 위로 저의 발자취가 겹쳐서 조심스레 걸어보며, 어머님의 그리움에 여식은 훌쩍입니다. 이제는 착착 추억으로 물러가 앉은 그 자리마다 찬란한 슬픔의 물결이 출렁입니다.

남기고 가신 어머님의 발자취, 그 위에
바람이 철철이 무수히 쓸고 갔고,
비에 씻기고, 찬서리 앉았다 갔고,
갖가지 벌레가 지나갔고,
떨어진 나무 잎새들이 앉았다 사라져 갔습니다.

어머님을 그리워라 기다리는 저의 마음은 지금도 남아 담겨 있습니다. 저의 가슴에 박혀 남겨진 어머님의 그리움마다 사랑의 빨간 물이 배었습니다.

자주 나무 그늘 아래서 조용히 앉아 쉼을 가지셨던 어머님, 지금도 그때처럼 꼭 그렇게 거기 계신 듯 생생하여 곧장 달려가 봅니다. 공터에 그리움만 그림자 지어 있는 곳.

어머님께서 남기신 그 모습을 그리다가 하늘을 쳐다보니 어머님의 흰 그림자, 말끔히 개인 파란하늘 복판에 어머님 영상만 덩그러니 곱게 앉아 계십니다. 어머님께서는 고운 미소 띄우시고 저를 사랑스럽게 내려다 보시고 계십니다.

어머님께로 향해 밀렸던 발걸음, 지금 다시 막힌 길 탁 튀어넘어 한 걸음에 달려 뛰어가 그냥 그리운 어머님의 두 손을 덥석 잡는 것이 골백번 꿈속에서 어머님을 뵙는 것보다 좋은 것을 모를 이 없건만, '인생사' 그리 호락호락하지 못한 것을 알게 되었습니다.

하나가 싹 틔워 하나로 시작해 왔던 길. 그런데 삶은 또 나도 몰래 어느 때부터 올라가야 하는 길, 내려가야 하는 길, 옆으로 가야 하는 길, 갈림길, 길 하나, 길 둘, 길 셋으로 갈라져 가야하는 길.

삶은 그 사이에서 꼼짝달싹할 수 없게 붙들려 알지 못하는 사이, 자질구레 복잡한 세상 인과에 꽉 붙들린 몸이 되어, 사는 것 다 그런 것이려니 하면서 흘려보낸 세월. 어느 날 왔던 길을 되돌아 보면서 그 길에서 가슴 뜨끔해지게 불효막심한 여식을 뒤늦게 가슴 철석 내려앉게 알게 되고, 이미 한 세상 서서히 물러나고 있는 즈음. 간들간들 조그맣게 초롱불 켜 놓인 여기 어느 즈음에서 어머님은 어머님의 작은 수첩에 생각나실 때마다 꼭꼭 가시고 싶으신 곳, 잡수시고 싶으신 것, 적어 두셨다가 다음 번 우리 재회 때 잊지 말고 보여 주세요. 어머님.

정으로 가는 길에서 아무리 가고 가 보아도, 못다 닿는 길!
진정 얼마나 깊고 높기에?

어찌 보면 얻어 온 것 많았던 것 같은 세월
또 어찌 보면, 잃고 온 것이 더 많았던 것 같은 세월

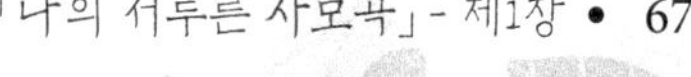

어머님과 저, 높은 담 위를 휘감아 오르는 나팔꽃 넝쿨인 양.

만물은 어머님으로부터 시작해 뿌리내려 꽃을 피우고 열매를 맺어, 그 모정으로 끝없이 이어지는 무한으로의 연속.

한 개 주고 열개를 바라는 세상에서 주고받음이 모두 정확한 세상에서, 오직 어머님만의 계산 없는 '어머님 사랑'

강물은 유유히 흘러 강줄기로, 그처럼 어머님으로 이어지는 '혈의 강' 줄기, 인류역사는 또 그렇게 길게 길게 이어져 흐릅니다.

어머님과 저, 사랑이란 이름으로 좀 더 앞으로, 우리 힘차게 세월의 수레바퀴 밀고 나아가 봐요.

허둥지둥 살면서 바쁘다는 핑계대어 미처 보내지 못해, 제 가슴에 뭉쳐 쌓여남은 '정'

오늘에야 어머님의 미숙한 딸 정신 번득 들어 몇 줄의 서투른 글로 사모곡이라 이름 붙여 부끄럽게 적고 있습니다.

어머님께서 읽으시기 쉽도록 굵직하고 큼직하게 적었습니다.

혹 여가 나실 때, 심심하실 때, 찬찬히 살펴 읽어봐 주세요.

어머님의 만수무강을 빕니다.

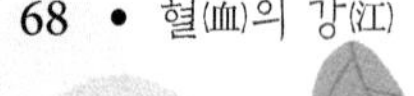

〈새벽 연가(戀歌)〉

한 가닥, 긴 여운의 깨어지는 소리
그 소리만큼 한 삶
깨어진 것은 무엇

무궁히 잇달아 피는 세월
꽃은 얼마를 커지려고
새벽이 또 오셔

흘러버리는 것
흐르지 않는 것
갈라놓으며
고뇌의 파인 늪에
다시 또다시 한번
하루 햇살이 막
굽이쳐 흘러
하루만큼 문이 더 열리네.

그림자마다 그 모체를 일으켜 세워
아슴아슴 빛으로 무늬 놓이는 길
이름 석 자 깊이
이 땅에 뿌리 박혀
밤새도록 지하에 가라앉은
인간의 참소리가 들리네.

〈이브의 얼굴〉

혼자만의 빈 시간을
봄 뜰 가꾸느라
흙에 엎드린 여인이여.

땀 젖은 손에 묻어나는 뼛가루
옛사람 얼굴 보이고
때늦은 이브의 얼굴도 보이고.

가을 하늘 푸르른 날
천상에 높이 비친
여인의 그 자태

맑디맑은 눈동자 속에
청초한 여인 보이고
이브의 얼굴 보이고.

〈빈 터〉

빈터엔 꿈이
어느 날 하나의 시작으로

무성한 잡초
진실의 더벅머리.

노랑나비
자유를 무늬 놓는 곳.

아직은 아무에게도
뭇사내의 손
잡히지 않아
아들 낳을까?
딸 낳을까?
누구라도 닮게 할
특권으로 가슴 뿌듯해.

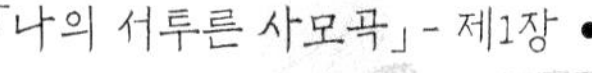

제2장

나의 딸로부터 받은 사랑의 편지

— 1 —

From the interview

in Pacific Business News Forty Under 40 June 26, 2009;

Who's your mentor/inspiration and why?

I know it is cliche', but my answer is my mom. She is truly a role model and inspiration for any woman who wants it all and desires to make the most out each and every day. After immigrating from Korea to United State, she became a published poet and registered nurse, and went back to school and obtained her bachelor's degree in anthropology after raising four daughters. Despite her age, she continues to work full- time graveyard shifts as a nurse in a mental institution, cares for my dad during the day, and still finds time to go jogging and write. I can only aspire to have her tremendous energy and positive outlook on life.

— Michelle —

Director Damon Key Leong Kupchak Haster ESQ

인터뷰에서

태평양 사업 뉴스 ―40세 이하 젊은이들에게, (2009년 6월 26일)

당신의 멘토(지도자)와 영감은 누구이며 그리고 이유는?

상투적인 말인지 압니다만, 저의 대답은 저의 어머님이십니다. 그분은 진실로 롤모델이시며, 많은 여성들이 그렇게 살아가기 바라는 여자들의 영감의 중심에 계시는 그런 분입니다.

많은 여성들이 매순간 그렇게 살아보기 바라는 그런 한국에서 미국에 이민을 와 시집을 출간하신 시인이고, 간호사로 봉사하셨고, 네 딸들을 잘 키워 내신 후 대학에서 인류학 학위를 뒤늦게 획득하셨습니다. 연로하신 나이에도 정신병원에서 간호사로 풀 타임 야간 근무 하시면서 편찮으신 아버님의 병간호를 하셨고, 그러면서도 조깅도 집필도 하실 시간을 가지셨던 분으로, 전 이 삶에서 어머님의 그 엄청난 에너지, 그리고 긍정적인 본보기를 간절히 열망하게 됩니다.

― 미셸 ―

— 2 —

I hear you in my heart:
My heart is incomplete without you.
During the day I think of you, and my feelings do what I physically cannot do, and I am there with you by an invisible rail of love.

— On Valentine's Day —

저는 저의 마음으로 어머님의 음성을 듣습니다.

어머님 당신 없이는 저의 마음은 불완전합니다.
낮엔 당신을 생각합니다. 그리고 저의 느낌들은 육체적으로는 할 수 없는 것들을 합니다.
그리고 저는 보이지 않는 사랑의 레일에 의해 어머님과 거기에 있습니다.

— 밸런타인 날에 —

— 3 —

You reminded us of our thoughts.
When we forgot to think them.
You gave us what we needed
Before we even knew

Because of you, we know how.
To give freely of ourselves to others,
So now we know how
To believe

In things greater than ourselves
You believed in that part of us.
When we didn't believe
In ourselves

What love and care have provided
Is a sanctuary where
We are free to be our best
By the miracle of our
Mother's Love.

— Mother's day —

어머님은 우리들 생각을 상기시켜줍니다
그런 생각하는 것을 우리 잊고 있을 때
어머님께서는 우리가 필요한 것들을 주셨습니다.
우리 미처 모르고 있을 적에

어머님 때문에 우리는 압니다.
우리 자신을 자유롭게 다른 이들에게 주는 것을
그래서 지금은 우리 압니다.
어떻게 믿을지를

우리들 자신보다 더 많이 만사에
어머님께서는 우리들의 그런 부분을 믿어 주셨습니다.
우리가 믿지 않았을 때도
사랑이며 보살핌이 공급되는 것
그곳은 성전입니다.
우린 자유로이 최선을 다할 수 있습니다.
우리 어머님 기적 같은 사랑으로

— 어머니 날에 —

— 4 —

Colors that jump
Out from the depths
Of spring
That is what our Mother brings
The joyous notes
To make family
Heart sing.
That is what our Mother brings.
A tender hands touch
To turn a hard brow
Soft, making its magic
To spin yarn
Of gold
A key to the earth
To keep evil
Aloft,
She commands her gift
To create new
From old,
Flowing naturally
From one,
A perennial spring

Of Love,

That is what our Mother brings.

— Happy mother's day —

두드러지게 뛰쳐나오는 색색의 색깔들
우리들의 깊은 곳에서
봄이면
그것들은 우리 어머님께서 가져오신
즐거운 메모들입니다.
가족을 마음으로 노래하게 하는.
그것은 우리 어머님께서 가져오신 것들입니다.
부드러운 손길들로
입김 한 번 가만히 불어내시어
요술을 부리셔서
실을 돌려
황금실로
대지의 열쇠 하나
악을 가두는,
어머님의 부여된 재주를 호령하셔
낡은 것에서

새것으로,

자연스럽게 흐릅니다.

하나로,

연이어 오시는 봄

사랑의 봄

그것들이 어머님께서 가져오신 것들입니다.

— 어머니 날에 —

— 5 —

Talk of feeling

So much is felt

We keep it inside

Be withheld

Sometimes

Aren't needed

Instead it is

What Is shown

Cause good feelings
Are hard to express
In any language
But their own
I always knew my
Love for you
I love you
Although I write it
Now in words
It is what I feel inside
That is reflected ;
The love that can't be heard.

— Happy birthday mom —

느낌에 대해 말한다면
너무 많이 느꼈습니다.
그것을 우리 안에 간직하고
보류합니다.
때때로 말들은
필요치 않습니다

말 대신
보여지는 것입니다.
왜냐하면 좋은 느낌들은
표현하기 힘들기 때문입니다.
어떤 언어로도
그러나 그들 자신 외에는
저는 늘 알고 있었습니다.
어머님으로 향한 사랑을
어머님을 사랑한다고
이렇게 적고 있지만
지금의 단어들로는
내가 심중에 느끼는 것들의
반영입니다
사랑은 들을 수 없습니다.

— 생일 축하합니다, 어머님 —

— 6 —

Mothers,

So much a part of

Nature,

Nature envelopes

Them

In their arms, one sees

The grace of wings,

The light of ancient

Stars are reflected

In their eyes,

Like the sea

The strength and depth

Are hidden inside

Revealing itself

As the full moon rises high

Filled with a knowing smile

So much a part of

Nature

Nature envelopes

Them

Envelopes you.

— Mother's day —

어머님들은

많은 부분

자연의 일부입니다.

자연이 그들을 감싸고 있을 때

어머님들의 팔 안에서, 우린 봅니다.

우아한 날개들을

태고적 빛

별들이 반사된

어머님 눈에,

바다 같이

넓고 깊은 강인함

그 안에 숨겨져

자신을 입증합니다.

보름달 높이 떠오르며

이미 알고 있는 미소로 가득히

많은 부분의

자연

자연이 감쌀 때면

그들은

어머님을 감쌉니다.

— 어머니 날에 —

— 7 —

Where great love is a-kin
To an ever-burning
Candle in the darkness
Where light gives us comfort
Brings sight that guides our way
Where the flickering light
Reflects in our sparkling eyes
Fire, In our turn-up smiles

And whose dancing shadows
Are dancing in our hearts
Always keeping us
With joy and laughter inside

— Happy birthday —
〈We love you very very much〉

위대한 사랑이 유사한 곳
영원히 타오르는
어둠 속의 촛불
빛으로 우리에게 편안함을 주는 곳
우리 나아갈 길 볼 시야를 제공해 주십니다.
깜박이는 불빛 있는 곳
우리들의 반짝이는 눈에 반사되어
불붙어, 우리에게 되돌아 온 미소로

그리고 춤추는 자의 그림자들
우리 가슴 한 복판에서 춤을 춥니다.
항시 우릴 지킵니다.
즐거움과 웃음 깊은 곳에 보듬어 안기어

— 생일 축하합니다, 어머님 —
〈많이 많이 사랑 합니다.〉

— 8 —

Things you do that
You take for granted
These are our most
Cherished Memories
of you
The graceful way
You Sweep back your hair
Powder your face
In the moments
We catch
Your coffee time
Gaze out the window
Your laughing eyes
That focus beyond what
We see
These are images
Of all we strive
To achieve.

— Happy Mother's Day —

어머님이 하시는 것들

당연하다시며

이것들은 우리들이 무척 소중히 여기는

어머님의 소중한 추억들입니다.

우아하게

머리 빗어 올리시고

분단장하신

순간들

우린 포착합니다.

어머님의 커피 타임에

창문 밖을 내다보시며

어머님의 웃는 눈으로

한계를 넘어 계시는 어머님을

우리는 봅니다

이런 것들이 이미지들입니다

우리가 성취를 추구하는 모든 것으로의

성공으로 향해.

— 어머니 날에 —

— 9 —

Sweet mother.

Sweet mother

So kind and dear,

You'll always be

Sweet mother.

Whether you are rich or poor,

Even when you are 94,

You'll always be mine,

Sweet mother.

— Happy Birth Day —

자상하신 어머님

자상하신 어머님

무척이나 친절하고 귀여운 어머님,

어머님은 언제나

자상하실 겁니다.

부자든 가난하든

어머님 94살이 되신다 해도,

어머님은 언제나 저의

자상하신 어머님일 것입니다.

— 생일 축하 합니다 —

— 10 —

When we were small
You were our shelter.
When we were ready
To fly.
You let us go
With encouragement,
Though, it must have been hard
For you
You taught us how
To love, you were always there,
With support, laughter and
Optimism, your love for us
Never failed
No matter how far
Away our lives have taken us
We never forgotten
Our home
Our home is where you are;
Where love nurtures,
Where flowers bloom,
Where tears are gently
Wiped away,
Where happy events are
Made joyous,

where Life is Made richer,
Even in poverty
You've taught us what is
Most important in Life
And given us most
Precious gifts:
Love, faith and hope.

— Mother's Day —
〈Happy Mother's Day. We're very proud to have you as our mom.〉

저희들 어렸을 적
어머님은 우리들의 피난처였습니다.
우리가 준비되었을 적엔
날아가도록
우릴 떠나게 해 주셨습니다.
격려와 함께
그러시기 쉽지 않으셨을 텐데도
어머님에겐.
어머님은 우리를 가르쳐 주셨습니다.
사랑하는 것을.
어머님은 항상 거기에 계셨습니다.
지지와 웃음 그리고

낙천주의로, 우리를 위한 사랑
결코 실망시키지 않았습니다.
아무리 멀리
우리 떠나 살아도
우린 결코 잊지 않았습니다.
우리들의 집을
우리들의 집 거기 어머님이 계신
사랑이 자라는 곳,
꽃들이 피는 곳,
눈물이 부드럽게 흐르면
닦여지는 곳,
즐거운 경사들이
즐겁게 행해지고,
삶이 부유해지는 곳,
가난할 때도
어머님은 가르쳐 주셨습니다.
삶에서 무엇이 가장 중요한지를
그리고 저희들에게 주셨습니다.
가장 소중한 선물을
사랑, 믿음, 그리고 희망을.

— 어머니 날에 —
〈당신이 우리들 어머님이신 것이 많이 자랑스럽습니다〉

— 11 —

It doesn't seem fair.
To Reserve just a single day
For celebrating our Moms
When they have cared
For us through our entire Lives
So I hope that you know, I
Celebrate your love
Not just one, but 365 days
A year, every time
I think about you.
Every second I remember
How much love and care you've given
Every time I see beauty
Through your eyes, I hold hope
That I've inherited some
Of your sweet kindness
The ability to love and be
Compassionate and patient.

— Mother's Day —

공평하지 않은 듯싶습니다.

단 하루로 정한 것

우리 어머님들을 축하하는 것

온 생애를 거쳐 우리를

어머님들이 보살펴 주셨음을

어머님이 아시기를 희망합니다.

전 어머님의 사랑을 경축합니다.

단 하루가 아닌, 365일

일 년, 날마다

저는 어머님을 생각합니다.

매초 저는 기억합니다.

어머님이 주신 많은 사랑과 보살핌을

매번 제가 아름다움을 볼 때마다

어머님의 눈을 통해, 저는 희망을 품습니다.

조금이라도 제가 물려받았기를

어머님의 그 달콤한 친절

사랑할 수 있는 능력, 그리고

자비로움과 참을성을.

— 어머니 날에 —

— 12 —

We keep hope alive
Because we dare to dream
Confront the face
Of our worst
Adversity.
We smile at a frown
When we breath deeply
While others would try to stop us
Dead in our tracks
When we see through it
Beauty beneath
The moving clouds
When we can release
A roll of laughter within
While in the hands of shadows
We see the world is
For all of us
When we have given everything
And lost nothing
Then we have won the battle

— Happy Birthday Mom —

우린 희망을 유지합니다.

왜냐하면 우리 꿈도 꿀 수 없음으로
직면할 경우
우리 최악의
역경을
우리는 미소 짓고 찡그린 얼굴 앞에서
우리는 심호흡을 할 때
타인이 우리를 막으려 하는 동안
우리 삶의 진로에서 죽었을 때
우리가 그것들을 통해 볼 때
그 아래의 깔린 아름다움
움직이는 구름들을
우리가 풀어 놓았을 때
그 안에 웃음보따리 한 뭉치
손안에서 그림자로 담겨있을 때
우리는 봅니다. 세상이
우리 모두를 위한 것을.
우리 모두 주어졌을 때
그리고 잃은 것 아무것도 없을 때
그러면 우린 삶의 투쟁에서 이긴 것입니다.

— 생일 축하합니다 어머님 —

— 13 —

The wind whispers
Gently shake tree's limbs
Awake
Snowing blossoms
In the air and leaving
Memories
Sleeper's eyes must
Open for the spring
Come again
To renew once
More a body worn
And tired
The cry of new
Life pleads
One back to one's thoughts
Expired
Hope is alive
On this green grassy track
Clinging
Moss grown soft
On stone's hardest back
Breathing

— On mother's birthday —

바람이 속삭입니다.

온화하게 나뭇가지들을 흔듭니다.

'일어나'라고

눈꽃들

기억들과

추억들을 남기고 있습니다.

잠꾸러기들의 눈들

눈을 떠야 해요. 봄이 온 것을

봄이 다시 온 것을

또 한 번의 다시 살아남으로

지치고

피곤한 육신

새 생명의 간청들

만료된 생각들

한 인간이 한 인간의 생각들로

기한이 다한

희망이 되살아나

이 푸른 잔디 트랙 위에

달라붙어

이끼가 부드럽게 자라

돌의 단단한 등에서

숨을 쉬는

— 어머님 생일 축하 합니다. —

— 14 —

Life is full while you live
You take a little, and
In exchange you give,
As long as there are moments,
As long as the soul is
Steady,
We will look back in time
To discover accomplishments are Many.
Gladly have we voyaged
Out to the edge of our hearts,
For you,
For your happiness.
We love you mommy!
Happy Birthday!

인생은 살아가는 동안 충만합니다.
당신 조금은 갖고, 그리고
당신 그 대신 주면서,
그런 순간들이 있는 한,
영혼이 있는 한
꾸준히
우리 시간을 거슬러 되돌아보면
성취들을 발견할 때가 많습니다.
기쁘게 우리 항해 했습니다.
우리 마음의 끝자락까지,
어머님을 위하여,
어머님의 행복을 위하여.

우린 어머님을 사랑합니다!
생일 축하합니다!

— 15 —

Dear mommy;

When we look at our mommy, we don't ever have to wonder how much she means to us.
How much does a voice matter to s singer?
How much does sight matter to a photographer?
How much does the beauty and sadness of life matter to poet?
It's this much and much, much more love that we give to our mommy.
You look at us so lovingly, with the gaze that special mothers have, telling us that we're special in many ways.
But those qualities in us would have been forgotten without your words to bring them out.
From the moment we entered this big world, you were there, and ready to love us, and you did.
No mother could have been more than you have to us, and we know inside, just as we are a Part of you, that your love lives in us.

— Mother's day —

사랑하는 어머님께;

우리 어머님을 바라볼 때, 어머님은 우리에게 얼마나 큰 의미인지 한치만큼의 의심할 필요 없습니다..
마치 성악가에게 목소리가 얼마나 많이 작용하는지?
얼마나 좋은 시력이 사진사에게 중대한지?
얼마나 많이 아름다움이며 슬픔이 시인들에게 작용하는지?
그만큼 많이, 그보다 훨씬 더 많이 저희들은 어머님께 사랑을 바칩니다.
사랑스러움으로 저희를 바라보시면서, 어머님 갖고 계신 특유의 시선으로 말하십니다. 우리더러 우리가 여러모로 대단한 딸들이라시며.
그러나 그런 우리들의 가치는 우린 모를 뻔했습니다.
잊혔겠죠. 어머님의 그런 말씀 없었다면. 우리들이 광활한 세상에 발 들여놓는 순간부터, 어머님은 거기 계셨고, 우리들 사랑하실 준비가 되셨고, 우리를 사랑하셨습니다.
다른 어떤 어머님들이 저희 어머님보다 더 잘할 수 없음을 저희는 가슴 깊이 압니다. 마치 우리가 어머님의 부분인 것처럼, 어머님의 사랑은 우리들 안에 살아있습니다.

— 어머니 날에 —

— 16 —

We all love you
So very much
Much more than
We can ever say
In words.
You've always shown
Your love for us
Everyday,
In all that you do
For us.
You are the best
Most special Mom that
Anyone
Could ever wish for,
Ever.
We wish and pray
The best for you.
We know that
You know we will.

— Happy birthday —

We love you, we love you, we love you.

우리 모두 어머님을 사랑합니다.

아주 많이 많이

보다 더 많이

우리 결코 말로는 할 수 없는

어떤 단어로도

어머님은 항시 보여주셨습니다.

우리들을 위한 어머님의 사랑을

날마다,

어머님께서 하시는 모든 것

우리를 위한것

어머님은 최고이십니다.

아주 특별한 어머님

누구나

가질 수 있기 원하며

항상

우리는 바라고 기도합니다.

어머님께 최고를.

우리는 압니다.

어머님은 그런 우릴 알고 계시리라고

— 생일 축하합니다 —

우리는 어머님을 사랑합니다.

— 17 —

I wipe the dishes dry as my sisters .
Wash at the sink before the widow
Unseen motors circle the towel
Round and around the bowl
That has lost the eye's attention
To the pointy top of a pine's head
As it bows repeatedly in poetic
Submission to the wind
I catch my sigh and wince
The face my mother makes
When she's become aware again
Of Time, her Karma
Her Fate that's sealed in her suspension
By another's hands

— With Love —

저는 접시를 닦고 있습니다.

창문 앞 싱크대에서 언니가 씻어놓은 것을

보이지 않는 모터들의 수건 돌림

돌리고 돌리며 그릇을

그러면서 눈의 초점을 잃어버렸습니다.

뾰족한 소나무 꼭대기 한 점으로

연이어 시심이 절을 하며

바람에게 순종합니다.

나는 나의 한숨과 움찔함을 포착합니다.

저의 어머님 지으시는 얼굴 표정들

어머님이 다시 알게 되실 때의

세월을, 카르마를,

어머님의 봉인된 운명에 매달린

다른 이들의 손들에 의해

— 사랑으로 —

— 18 —

You teach us with Laughter
You teach us with your smiles
You teach us with Kindness
You teach us by your Trials.
You teach us with your Wisdom
You teach us with your Compassion
You teach us with your Stillness
You teach us by your Love.

— With love —
Thank you for being an example of strength and support through good and bad.

어머님은 저희들에게 웃음을 가르쳐 주십니다.
어머님은 저희들에게 미소를 가르쳐 주십니다.
어머님은 저희들에게 친절을 가르쳐 주십니다.
어머님은 저희들에게 시련들을 가르쳐 주십니다.
어머님은 저희들에게 당신의 현명함을 가르쳐 주십니다.
어머님은 저희들에게 동정심을 가르쳐 주십니다.
어머님은 우리에게 조용함을 가르쳐 주십니다.
어머님은 우리에게 어머님의 사랑을 가르쳐 주십니다.

— 사랑으로 —
좋은 일과 나쁜 일을 겪는 동안 힘과 지지가 된 것에 감사합니다.

— 19 —

All around,
Burst of blossoms
Unrestrained,
Define the colors
Of early May
Swallow's wings stretch up
To a clear sky
As sweet breezes deriver
The seeds of Life
Melodious lines, the song
Sparrows sing
Inspired by the rich words
Our mother brings.

— Mother's day —

사방으로,
만발한 꽃들이
무제한으로,
색들의 과시로
이른 오월의
제비들의 활짝 펼친 날개들

활짝 개인 하늘로
순풍에 실리는
생명의 씨앗들
멜로디처럼 줄지은 노래로
참새들 노래 부릅니다.
비옥한 언어들에 힘입어
우리 어머님께서 가져오신.

— 어머니 날에 —

— 20 —

For all you've done

For all your love

For all your fun

For all your support

For knowing how to be

A great mom.

— Mother's day —

어머님 이룩하신 모든 것을 위하여

어머님의 모든 사랑을 위하여

어머님의 모든 즐거움을 위하여

어머님의 지지 모두를 위하여

알고 계시는 어머님을 위하여

어떻게 훌륭한 어머님 되는지를

— 어머니 날에 —

— 21 —

Where does Love live?
Is it in the spring green?
Wild and boundless fields?
Is it in the elusive power of the
Of the ageless seas?
Can it be found contained
Within four walls, or only
Unfettered and free?
Does it live in the laughter
Of joyous hearts?
In the light?
Or is it in the heavy sadness
When we're apart
In the dark of night?
Love may be something
Unseen, but
When I see you, I believe
Because your love makes
Our lives much brighter
Where you are, there
Lives Love.

— Happy Birthday mom —

사랑은 어디에 살지요?
봄의 푸름 속에 있나요?
거칠고 무한한 벌판에?
사랑은 애매한
바다의 영원한 힘일까요?
찾을 수 있을까요? 담겨서.
사면 둘러싸여서, 아님
족쇄 풀린 그리고 자유 안에서?
웃음 안에 살고 있나요
즐거운 마음의?
빛 안에?
아님 깊은 수심 안에?
우리 헤어져 따로 있을 때
캄캄한 밤의 어둠 속에?
사랑은 어떤
보이진 않지만,
제가 어머님을 볼 때면, 전 믿습니다.
어머님께서 만드신 사랑으로
우리들 삶은 훨씬 밝고
어머님 계신 곳, 그곳에
사랑이 살아가고 있다고.

— 생일 축하합니다. 어머님 —

— 22 —

There will always be things
To worry about
What tomorrow will bring
We never know
And we can never
Change the past.
But the moment is
What we have
The moment, with
It's colored sunset
Brill and bright
Yellow flowers
Along Life's highway
A breath of first
Morning air
Steals the heart of the
Future
And erases the past.

— Happy Birthday mom —

세상엔 언제나 문제들이 존재할 것입니다

걱정거리의

내일이 무엇을 가져다줄지를

우린 결코 알 수 없습니다.

그리고 우린 절대로

과거를 바꿀 수 없습니다.

그러나 순간은

우리가 가지고 있는

순간은,

홍조된 석양으로

화사하고 밝은

노란 꽃들입니다.

삶의 고속도로 따라

첫 숨결

아침 공기는

훔칩니다.

미래의 마음을.

그리고 과거를 지웁니다.

— 생일 축하합니다, 어머님 —

— 23 —

I hear you in my heart;

My heart is incomplete without you.
During the day I think of you,
And my feelings do what I physically cannot do,
And I am there with you by an invisible rail of love.

- On Valentine's Day-

저는 저의 마음 속에서 어머님을 듣습니다;

저의 마음은 어머님 없인 불완전합니다.
낮 동안 저는 어머님을 생각합니다.
그리고 저의 느낌들은 저의 육체가 할 수 없는 것을 합니다.
또한 저는 어머님과 거기에 있습니다. 보이지 않는 사랑의 빛살에 의해.

— 밸런타인 날에 —

— 24 —

For my Gave me Breath:
Through my window I see
Gears turning, muscle straining;
Withstanding trials;
Streams of tears disappearing
In the shadows
Of Sun-dried smiles-
Night-to- day I drift
In rounds-endless beginnings
Blur with endings until
We lose count.

Yet, all the while my heart
Keeps its rhythm and all my love
Stays alive despite my prison.

Because when I'm with you
I'm at Home; And it's as it
I was never alone.
Your voice is the song.

To my release - Your unconditional Love is
The healing I need.
Under your limitless roof

I am always free.

Love

저에게 숨을 불어넣어 주신 어머님:
창을 통해 저는 봅니다.
기어는 돌아가고, 근육이 긴장되고;
시련을 견디어
눈물 줄기들이 사라지는 것을
그늘에서
햇살에 눈물이 마른 미소들 -
밤에서 낮으로 나는 떠내려가
돌고 돌아 - 끝없는 시작들로
마지막에 흐릿하게
우리가 수를 세다가 잊어버릴 때까지

그렇지만 그러는 동안 제 마음은 아직
리듬을 유지하는 제 모든 사랑
제가 갇혀있음에도 불구하고 살아있음을

왜냐하면 어머님과 함께 할 때
저는 집에 있는 것입니다; 그리고 그런대로
저는 결코 혼자가 아니었습니다.
어머님의 음성은 노래입니다.

저의 석방 - 어머님의 조건 없는 사랑은
제게 필요한 치료입니다.
끝없는 어머님의 보호 아래서
저는 항상 자유스럽습니다.

— 25 —

어떻게 하다가 어느덧
이월에 가까웠습니다.
새해가 막 시작한 것 같은데

어떻게 우리가 벌써
인생의 가을에 와 있을 수 있는지요?
우리의 가슴은 신생아 같은데

우리의 시간을 재어볼 수 있을까요?
잃어버린 것으로 의해
얻은 것으로 의해
혹은, 우리 자신이 말해볼 수 있을까요?
아무것도 잃은 것이 없다고.

허나 매일 얻어 왔다고.
그리고 매 순간 사랑했다고.
시간은 그리 중요하지 아니하며
오직 삶의 정력이 중요합니다.

— 어머님, 생일 축하합니다 —

— 26 —

참으로 놀랍습니다.
어머님은 깃털처럼 날리시며
유유히 바람따라 배회하십니다.
우아하게 거친 파도의 물살을 타며
세상 무게를
어머님의 은빛 퇴적 안에 담으시고
어머님은 가볍게 착륙하십니다.
충분히 오랫 동안 미소를 달래시며
그런 후,
한 번 더,

어머님은 날기 시작합니다.

— 생일 축하합니다 —

— 27 —

어머님, 어머님은 어머님 주위에 존재하는
만물의 아름다움을 돋보이게 합니다.
그리고 우리들 가슴에
미소로 남게 해주십니다.
어머님의 미덕은
온 세상을 밝히고
우리들 가슴을 따뜻하게
데워 주십니다.

어머님의 인내는
우리가 미소지을 수 있는
활력이 되어 주십니다.

— 어머님 날에 —

— 28 —

Joking like a child
With fantastic treasures
In her hand,
A burst of laughter
Like the song of birds
Carried by the wind,
A smile that beams
So brightly
It makes the captive Sun
Go shy
The one
Who's taught herself to fly

아이처럼 농담하시고
어머님 환상적인 보물을
손에 쥐시고,
폭소로
새들의 노래처럼
바람에 실려 온,
빛나는 미소
환히
그렇게 갇혀있는 햇님조차
부끄럽게 하는

어머님
스스로 나는 것을 배우신.

— 어머니 날에 —
우린 어머님을 사랑합니다!
어머님의 딸임이 자랑스럽습니다!
바라는 모두가 이루어지기를!

— 29 —

삶의 오르막 내리막길에서
롤러코스터 그 쾌속의 순간들
그리고 온 생의 꿈
거기엔 오직 극소수
내 마음속에 귀중하게
간직하고픈 것이 있습니다.
오직 몇 가지 진정으로 중요함은
어머님으로부터 배운
교훈들입니다.

사랑으로, 생동감으로, 바로 내가 나로 있게 한
요소들입니다.

— 어머니 날에 —

우린 어머님이 참으로 자랑스럽습니다..
당신을 우리들의 어머님이라 부를 수 있음이 자랑스럽습니다.

— 30 —

우리는 압니다.
이 해가 어머님께 무척 애쓰신 해였음을
그리고 한계 그 밖으로 어머님을 밀어 넣었던 것을
하지만 잘 견뎌내셨습니다.
그럼에도 불구하고 살아내셨습니다.
넓은 이해와 사랑으로
삶과 어머님 자신을 사랑하시기를
게을리하지 않으면서

어머님은 참으로 놀랍고
애정어린 어머님이십니다.
어머님이 아니셨으면 이겨내지 못했을 만큼
아버님의 건강이 안 좋으셨던 시점에

그러나 모든 것을 뛰어넘어
어머님은 성취한 분이시며 자극을 주는 여성이셨습니다.
나아가 삶을 향해 열정적으로
새롭게 태어나십니다.

— 어머니 날에 —

제3장

딸들에게 전하는 나의 사랑 노래

I never felt myself small
I never ever felt myself so small
Because I am your Dad's girl
Because I am your mom
Well fed pride in me
Started growing more each day
From the time we became
A 'family',
I never felt myself so small

mom. one day in the middle of beautiful garden

엄마는 한 번도 엄마 자신을 소인이라 절대로 생각지 않았단다.
내 자신 작은 그릇이라 느끼지 않았단다.
왜냐하면 나는 너희들 아빠의 여자였으니까
왜냐하면 나는 자랑스런 너희들의 엄마니까
잘 자란 내 안의 자랑 하나
날마다 조금씩 자라기 시작해서부터
우리가 '가족'이 된 그 순간부터
'가족'이란 이름으로
엄마는 결코 내 자신 볼품이 없다고 느끼지 않았단다.

엄마가. 어느 하루 아름다운 정원에서

어쩌면 아직은 벅찬 가슴으로 내다볼 몇 번의 새벽이, 나의 한 생애에 남은 것으로 믿어 알며, 새파랗게 젊은 새벽의 손을 덥석 잡고, 뜻 모를 눈물 내 뺨으로 그냥 흐르게 내버려두면서, 오늘은 내사랑하는 딸들에게로 엄마의 마음 보내본다.

엄마의 딸이라 이름표를 달고, 사랑으로 엄마를 기다리는 사랑하는 나의 딸들.

내가 만들어 놓은 걸작품들.

너희들은 아무 짓 하지 않고 가만히 있어도 곧잘, 마치 자석인 양, 엄마를 끌어들여서 엄마를 웃게 하지.

너희를 좋아하게 하지.

너희들 마구 품에 끌어안게 되지.

너희들은 색색의 곱디고운, 엄마의 보물단지, 사랑 소복소복히 담긴!

너희들 조막손 안에 엄마가 쥐여 준 꿈, 희망, 사랑의 씨앗들을 꼭 움켜쥐고 꿈 펼칠 날들을 기다리던, 어리기만 했던 사랑하는 나의 딸들. 오늘은 저마다 각자의 가슴 깊은 곳에 초롱불을 밝히고, 세상 길 곧바로 따라서 자라, 지금은 한 세상 중심에서 씩씩하게 걸어 나아가고 있는 엄마의 사랑, 너희들!

엄마와 딸, 우린 그 특급 사랑 부둥켜안고 분주히 험한 세상 용감히 살아온 뒤 살아온 날들을 되돌아보니, 너희들은 항시 이 엄마의 삶에 마치 전부였듯이 엄마 곁에 끈질기게 사랑으로 남아 있어 주었지. 일장춘몽 같은 이 한 삶에서, 이 엄마에 있어 더 자랑스러운 것, 또 무엇이 있지?'라고 새삼스럽게 자문자답해 보면서.

'엄마와 딸' 그 보이지 않게 이어진 끈, 마음이 스스로 어찌 알아서 붙들고 있는 이토록 질기고 질긴 끈!

순수한 사랑으로 이어지는 엄마와 딸이란 '사랑 줄'!

눈부신 햇살 아래서 오색 무지개 색색으로 곱게 수놓인, '사랑 모형'으로.

'혈의 강물' 따라 사랑이 굽이굽이 굽이쳐 흐르고 있음을 이 순간에 엄마는 감격하여 바라보고 있단다.

험한 세상 용감하게 달려서, 너희들 각각 그 자랑스러운 자리마다에서 뚜벅뚜벅 걸어 나아가는 내 사랑 너희들.

서로 손잡고 고운 마음으로 꿋꿋하게 앞으로 전진하며, 사랑 노래 함께 부르며 앞으로 나아가는 너희들.

엄마는 고마워.

세상 중심에서 세상 세파를 용감하게 헤쳐가며 앞으로 향해 힘차게 나아가는, 엄마의 사랑하는 딸들,

미은, 미경, 미숙, 미희, 엄마는 참 많이 고마워!

엄마는 항시 너무 많은 것들을 너희들로부터 받고서 그 고마움 전할 단어를 찾지 못해 슬프단다. 그냥 '고맙다'라는 한마디로는 어림없이 부족하고 모자라는데 어쩌지?

순간순간 그 매순간이 참으로 위태로운 이 세상에, 너희들 세워놓고 걱정스러웠지만 스스로 잘 알아서 꿋꿋이 살아 나아가는 너희들, 다시 또 고마워!

이토록 축복받은 엄마로 살아가게 해주는 사랑하는 너희들, 아주 많이 고마워!

자그맣게나마 명색이 시인이란 이름이 붙여진 엄마로, 너희들에게 향해 '사랑 글' 한 번도 적어 남기지 않았던 엄마를 돌이켜보는 날에, 많이 부끄러움을 느끼지.

너희들은 한국말을 모르고, 엄마는 미국생활 60년을 살아오면서도, 또 이 땅에서 소위 대학을 나오고도 지금껏 아직도 영어에 자신없는, 어쩔 수 없는 그런 솔직한 엄마의 진실에 용기내지 못했던 엄마의 부끄러운 실토.

너희들 그런 엄마의 마음을 이제라도 알아주었으면 좋겠어.

삶이 지루하여 몸을 비비 꼬면서도, 어쩌면 그만 내 사랑하는 딸들에게 보내는 엄마의 크나큰 사랑 한마디도 남기지 않고 훌쩍 이 세상 떠나 버린다면 어디 말이 되겠어?

매 순간은 아닐지라도 하루에 한 번? 깨어있는 동안? 꿈속에서? 아니, 아니 연이어?

매 시간마다 하루 24번?

또 엄마가 말하지 않아도 엄마 마음을 너희들이 알고 있다고 완전 믿어.

이제서야 너희들이 알아듣든 아니든, 이미 〈혈의 강〉이라 적고 있는 이 마당에, 내 마음 가는 대로 짧게 한마디 엄마의 사랑을 전해보느라 한국말로 이렇게 서툴게 적어보고 있단다.

그래도 너희들에게 보내는 엄마의 사랑 편지를 쓰는 것이 쓰지 않는 것보다 좋겠지 하면서.

어쩌면 어느 날, 엄마의 글을 알아보고 눈물 속에 엄마의 사랑을 알아볼 날이 있지 않을까?

번개처럼 반짝 왔다가는 이 세상 생명의 허무함을 느끼며, 이 세상 왔다가는 자취는 무엇이 있을가 생각하다가 화들짝 알아차린 거기에 대한 답.

꽃보다 곱고 아름다운 내 딸들이 있었음을!

나의 착하디 착한 바로 나의 딸들이 내게 있었음을!

긴 세월을 거쳐서 너희들보다 훨씬 더 오래 이 세상에 살았어도, 엄마는 아직껏 긴가민가하게 아슴하기만한 이 '세상살이'에 주춤거려지는 엄마의 발걸음.

그런 엄마를 마치 대단한 것처럼 늘 떠받쳐준 고마운 나의 딸들.

또 다시 고마워!

엄마의 가슴에 소복이 담겼던, 너희들에게로 가는, 그 가득한 사랑 조각들을 엄마의 실력으로는 모두 담아볼 수는 없지만. 이토록 서투른 엄마의 글로 그 마음을 너희들에게로 향해 발을 내딛어보는 ,엄마의 이 서투른 마음을 고스란히 사진을 찍어 보여줄 수는 없을까?

비워도 비워도 다시 가득히 채워지는, 너희들에게 주고 싶은 엄마의 조무랑 사랑들!

너희들도 알고 있듯이 시도 때도 없이 틈만 나면 마냥 토해내는 그 가장 만만한 "I love you!"

그 한마디로 엄마의 사랑을 모두 다 전해 보려 했었지?

그 말 한마디에 엄마의 사랑을 몽땅 합쳐서, 마치 "I love you!"가 뭐 큰 포대 자루이기나 하듯이, 엄마의 갖가지 사랑 전부를 몽땅 그 안에 꾹꾹 눌러 넣어서 그렇게 말이야.

하지만 '사랑'보다 더 큰 단어를 엄마는 알지 못하기에.

아직껏 어디에서도 찾을 수 없었기에.

사랑해!

나의 사랑스런 딸들.

삶의 고난에 대항하여 맞장 서 싸우는, 엄마와 딸의 똘똘 뭉친 우린 용감무쌍한 팀.

이 싸움에서 기어코 이겨 붉게 물들여진 강물 위에로 승리의 깃발을 높이 휘날려 보자고.

우리 손에 손 얹어 굳게 약속하자고!

우릴 싣고 영원으로 흐르는 '혈의 강'의 줄기가 출렁출렁,

영원히 무한으로 향하여!

— 〈엄마는 요즘 그래〉에서 발표했던 글 중에서.

1

너희들은
이 땅에 자라는
무궁화 꽃
송이송이

토양은 달라도
복스럽게 핀
무궁화 꽃
송이송이

햇꿈의 약속을 안고
약한 주둥이로
쫑쫑
껍질 쪼아 태어난
부스스 예쁜
노란 햇병아리들

까만 머릿결
나풀나풀

서툰 눈빛으로

혼신을 다해
아메리카 터전 위에
뿌리 굳건히 박아가는
대견스런 엄마의 딸들

모자라는 것 많은
엄마를
토달지 않고
믿어주고 따라주어
엄마는 고마워.

엄마의 가슴에
출렁이어 요동치는

2

종종걸음으로
희노애락의 깊고 높은
파도를 타는
너희들을 지켜보며
엄마는 미안해.

천진난만하던
어린 시절
온통
기쁨과 행복이었겠지만

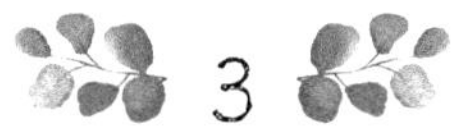

황막한 세상에

너희들이 있어

다행인 엄마

너희는 엄마의 힘

어쩌면

살아가는 이유

사랑물 뚝뚝 떨어지는

날이면 날마다

너흰

엄마의 보석이요

엄마의 행복 주머니

보랏빛 미소로

프리즘의 아련한 빛으로

날마다

엄마의 길 밝혀주지.

너희들 이름만 떠올려도

왜 자꾸 눈물이 핑 돌지

너희들

오늘은 어떠한지.

4

순간들 모여
비늘마냥
차곡차곡 쌓인
삶의 뒤안길
시초부터
지금까지
올올이 이어온
생명 끈.

이 삶에서
더 크고 빛나는
영화의 삶은 무엇일까?

무엇을 남기며
무엇을 버리지

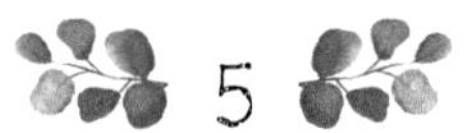

엄마가 살아온 뒤안길에
사랑스런 딸들이 있어
삶은 분명
꿈이 아니었음을 알아

너희는 만져지고
외로운 날에
엄마의 말을 받아주고

"사랑한다"라고 말해 주고

엄마는 너희가 참으로 고마워.
엄마는 요즘 그래.

6

너흰
반짝이는
엄마의 별.

너흰
빛으로 다가와
엄마의 마음
따뜻이 데워주는
햇살.

사랑으로
세례 주는
달빛.

사각사각
옷깃 스쳐오는
산들바람.

시냇물 졸졸 흐르듯

끊이지 않는
흥얼 노래.

크나큰
사랑 덩어리 뭉치.

7

너희들
눈빛은 살아있어
발걸음은 힘차
마음은 하얗다 못해
연보라.

새벽하늘에
마지막까지 남아
반짝이는
십자성같이
그 새벽별 바라보며
날마다 열어 온
엄마의 날들.

8

엄마는 때때로
생각해

'엄마가 좀 더
멋진 엄마였다면
얼마나 좋았을까'라고

그러지 못해서
많이 미안해.
새날 열기 위해
너희들
오늘 아침도 힘찬 발걸음
앞으로
앞으로
내디디고 있겠지.

엄마도

이른 아침 산책길에서

너희들 생각.

엄마의 훈장인양

가슴에 달고

올바른 삶 인도해 달라

해님께 간구하며 걸었지.

9

엄마의 작은
삶의 텃밭에

올바른 생각
심어가느라
분주해 보는 하루
엄마는 요즘 그래.

하루하루
차곡차곡 모이며 쌓여
한 평생 되는 삶

노인이라 하여
허술히 보낼 수는 없는
여전히 무척 귀한
엄마의 하루.

그리고
또 하루

매 순간
엄마를 호통해 주지
엄마는 요즘 그래.

익숙한 엄마의
숨소리지만
이제와 새삼

더욱
소중하게 느껴져.

엄마는
두 팔 안으로 오므려
날 한번
꼭 끌어안아주지.

행여 놓치고 지나칠세라
곰곰이 시간표 점검하며
성심으로 섬기는
늦은 날.

삶의 하루하루
육체는 쉬어가자고
연신 칭얼대는
엄마는 요즘 그래.

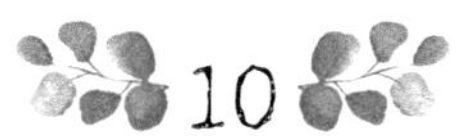

착함이 눈에서
철철 흘러내리는
사랑스런 엄마의 딸들.
그 눈빛
깊숙이
말간 마음이
훤히 들여다보이지.

꽃인가 싶게
꽃 중에
백합인가 싶게
착한 엄마의 딸들.

때론
힘겨운 세상살이에
의아해 하며

너희들이
수시로 내뱉는

올바른 말들은
엄마를 무색하게 해.

깜짝 놀라게도 해.
어쩌다 그만
너희들 앞에서
자꾸 작아지는 엄마.

오늘도
너희들 힘들지?
너희 때문이 아니라
세상이 그래서.

11

저녁마다
너희들로부터 걸려오는
전화벨 소리.

그럴 때면 엄마는
하루 보낸 일과를
낱낱이 들려주지.

작은 일도
아주 대단한 것처럼.

언제부터인가
엄마는 그렇게
너희 앞에서 그만
어린아이가 되어 버렸지.

다정다감한
엄마의 딸들

너희들 있어
외로운 세상에서
엄마는 무척 행복해.

엄마의 하루는
너희들 있어
참으로 좋은 하루였다고.

밤이면 밤마다
감사 기도드리며
잠들지.

엄마는 요즘
작은 일에도
눈물 잘 흘리는
울보 노인.

엄마는 요즘
딸들의 사랑으로
물오른
봄 미루나무.

분주했던 지난날들
차차
물에 모래 가라앉듯
차분해지고

사랑하는 한 사람
떠나보내는
그 놀라움으로
잠시 황토물 되었다가

다시 그 위에
말간 물 고이고
지금은 그 물위에
다시
엄마를 비춰볼 수도 있어.

천지가 점차
고요를 찾아가고

외로움 저 멀리로
서서히 물러간 뒤,

내일은 아마도
엄마의 마음 호수에
백조를 띄울 수도 있겠지.

지독했던 가슴앓이에서
엄마는 지금
그 문턱을 빠져나오는 중.

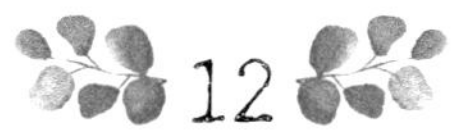

엄마의 양 어깨 너머에서
너희들은 엄마를 지키며

괜찮다는 암호의 눈짓 보내며
승리의 손가락 펴 보이고 있지.

보일락 말락
어스름히
너희들 사랑 무늬

엄마의 주위로
아롱져 퍼지고 있어.

엄마는 너희들이 고마워서 조금 울었어.
베갯잇 적시며 좀 울었어.
그래 울었어.

너희들은 엄마의 길에
등대가 되어주고
채찍질이 되어주고

이러면 안 된다고
저러면 안 된다고
엄마를 다독여주지.

듬뿍듬뿍
너희들 사랑 묻어나는
엄마의 하루하루.

너희들은 엄마의 시작에도
엄마의 마지막에도
엄마가 살아가는 힘.

엄마의 텅 빈 방을
너희들 사랑으로 가득 채우고

그 말간 사랑 받아
삶에 새롭게 도전하는
엄마는 요즘 그래.

엄마의 하루를

하루마다

세세히 점검해 주는

엄마의 딸.

엄마의 사랑이

엄마의 기도가

언제나 어디서나

또한 너희들 지켜줄 수 있기를.

너희들
얼굴 하나씩
두둥실
하늘에 떠올리며
시작하는 매일.

엄마의 마음
참으로 부자인 것을.

엄마는 요즈음
한 줄의 곧은 줄긋기
연습이 한창.

빈 공간에 가득히 채워
그어 보는 곧은 줄긋기 연습.

왜 잘 안되지.
곧은 줄긋기로 분주한
엄마의 나날.

살다가
걸어 걸어 걷다가
중간에
혹시 정말 다시 만나면,

그러다가
시름도 만나고
아픔도 만나면,
자꾸 삐뚤어지지.

삐뚤게 줄 그어놓고
시침 뗄 수는 없잖아.
천지에 가득히.
자꾸 삐뚤어지는
줄긋기 연습.

제발
아무도
날 웃기지 말아 줘.
날 방해하지 말아 줘.

한 줄의
곧은 선 그을 수 있게

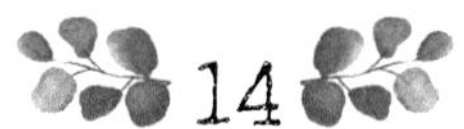

14

처음부터 끝까지
인생은 연습의 연속
무엇을 위한 연습일까?

엄마는 잘 모르겠어.
무엇을 위한 연습인데
이리도 고달픈지.

꽃들도
새들도
인간들처럼 고달플까?

엄마는 발길 멈춰
꽃들에게
새들에게
물어본단다.

멈출 수 없는 연습
마음이 자꾸

날 더러
연습으로 달리라 해.

생각이 자꾸
날 연습으로
밀고 가.

15

자주
누구처럼,
또 누구처럼,
되었다면 했었지만

지금 엄마는
그 누구를
닮고 싶지는 않아.

세상에 처음 왔던
그 '나'로 있고 싶어

이 세상 하나 밖에 없는
그 '나'로 살고 싶어.

높이 하늘에서
속수무책으로
떨어지는 별똥 마냥

그렇게

이 세상에 와서

엄마는 그냥 그렇게

그 '나'로 살다가

햇살 제일 예쁜 날에

꽃잎 밟으며 갔으면 해.

고운 길 따라

사뿐히 갔으면 해.

16

바람

그래, 엄마는 또한
바람인가봐.

세월 모퉁이
구석구석
1, 2, 3, ---12개월
일일이 돌아

봄, 여름, 가을, 겨울
모두 돌아

나무에 나이테 남기고
저 멀리로 사라지는
바람인가봐.

17

숨결
총총히
한밤을 엮고

사랑의 신음소리
알을 깨고

세월 조용히
밝음과 어둠 번갈아
흩어지며 거두며
조용히 흐르는데

어제의 흔적들
조심스레 치맛자락에
주워 담아보는
엄마는 요즘 그래.

뼈, 살, 피가 모여
날 형성하는
오묘한 생명으로

그 안에
사랑도 섞고,
미움도 섞어

무엇이 되어
무엇은 번뇌하며

누구는 애태우며
누구는 아파하고
누구는 미치고
누구는 부자 되고
누구는 거지 되고

하늘 아래
졸망졸망 인간
군상들.

외로운 가랑잎들

18

엄마는 암만해도
염탐꾼인가봐.
태양빛, 그 빛 사이사이로

숲 사이로
어둠 사이로

부스럭부스럭
조물락조물락

작은 파문들 일으키며
무수한 의문들 던져 남기며

왜 사는지를 알아보려
애꿎게 플잎들 흔들어 가며

잔잔히 가라앉은 공기
휘 한번
손으로 저어 보며

아마도

엄마는 한심한

염탐꾼인가봐 .

19

윤회의 돌림에서
신은 우리에게
인간이란 이름을 주어
이 세상 구경시키고 계신 거야.

아름다운 동산에서
아름다운
다른 인간을 만나고

미처 헤아릴 수 없이
무수한 미생물과 정들고

그러면서 인간은
욕심을 키우고
고마움 보는 눈
점점 작아지고

두 눈 꼭 감아 보아도
훤히 보이는

이 세상
아름다운 동산에서

엄마는 이제
독거노인 딱지 달고

오늘 하루 종일토록
말 한마디 하지 않았어.
전화로 우린
여기가 저기가 아프냐 묻지.
여기가 저기가 아프다 하지.

고마웠던 일
감사했던 일
새삼
고마워해 보고
감사해 보고
그랬어.

바람 센 날
바람의 대변자 풍경이
술 취한 바람 얘기
목청 높여 들려주며
바람을 고발하고 있어.

녹음방초의 계절
새는 서둘러
알을 까고

꽃 만발한
가로수 아래로
우왕좌왕 몰리는
군상들 창창히 길을 건너고

하늘의 손길이
너그러이
인간의 어깨를
다독이고

저마다
자신의 궤도를 따라가느라
정신없는 만물

자칫 노인은
그 발길에 차이고
술은 아니 마셨어도
얼큰히 골몰한 생각에 취해
엄마도 어디론가 황황히
그 뒤를 따라가 보지.

21

허공이라 하여
진정
빈 것은 아니야.

먼 곳에
가까운 곳에
엄마가 너희들 위해
띄어 놓았던 꿈,
소원의 흔적들.

아른아른
가물거려 섞여 있어.

어처구니없게도
캄캄한 곳
미지의 공간에

손 깊숙이 집어넣어
참 가치의 속살을
한줌 움켜쥐고 나와

가까이에서
보고 싶단다.
엄마는 요즘 그래

멋도 모르고
여기까지 와

새삼 몹시
궁금해지는 인생.

왜지?
살아온 그 아득한 길.

되돌아가 보면
가늘고 좁고
위태로웠던 길.

곡예사 마냥
아슬아슬하게
지나온 길.

다시 해 보라면
엄마는 못 해

엄마는 다시
날 찾아가기 위해
더 깊숙이 들어가

햇살에 눈부셔 하던
한 소녀가 노닐던
그 길 따라
더욱 깊숙이 들어가

꼬부랑길
무수히 따라가

날 다시 찾아보았어.
엄마는 그랬어.

찐득 끈적한 정
세상은 하나로 뭉쳐 있지.

무슨 풀로 붙였기에
이토록 꼭 붙었을까

싸울 때도 다툴 때도
고울 때도 미울 때도

꽃무늬 가득 수놓인
여인의 꿈속
분명 사랑이란 진풀일 거야.

그것은 사랑이겠지.
미운 정, 고운 정 섞어 만든

천사가 내려준
은빛 사랑

그 사랑
때론 허술해 보여도

엄마는 그 사랑 믿어
사랑은 살아가는 힘.

슬픔도
생명에게 주어진
하나의 선물.

이슬처럼 아름다운
또 하나의 선물.

시작으로 시작하는 하루
시작으로 불을 끄는 밤
시작은 살아있는 자체
다시, 다시 하는 시작.

우린 지금 꾸준히
무엇인가 하고 있지.
오늘을 위해
내일을 위해
하물며 어제를 위해서도.

무너지지 않기 위해
쌓기 위해
연결을 위해.

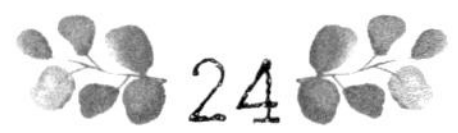

엄마는 하늘에다
엄마의 이름
기억해 달라 빌어

엄마는 하늘에다
이 세상 빈 거로 왔다.
가지 않게 해 달라
또 빌어.

멈춤이 잠시 머물렀던
생각의 공백에
가득 찬 하얀 웃음이
엄마에게로 비웃음을 보내고 있어.

한 삶에서
올라야 할 높이
자꾸 바뀌어
흔들리고 있잖니.
떨고 있잖니.

그것은 우리가
살아 있기 때문이야.

아스라이 떨림 속에서
너무도 귀중한 시간

시간은
조심스럽게
꾸준히
언제나 셈을 시작하지.

소중한 손님으로
엄마의 창을 삥 돌아
하루가 찾아오고

매일
그렇게
소리 없이 찾아오는
엄마의 귀한 손님인양

동녘 창에서 굽어보고
서쪽 창에서 다시 굽어보고

돌아, 돌아
잘 익은 늙음으로
엄마를 키우지.

하루를 조심스레
성심으로
두 손으로
바쳐 섬기고

하루일일랑
조심스레
반듯반듯 빚어

아침이면 빛살에 내다 놓고
밤이면 다시 거둬들여
성심으로 일궈가는
그 하루 또 하루

폭폭이 팔락이는 깃발 속
속속히 지나

반듯한 내 모습 찾아
더 깊숙이

엄마는 아마도 그렇게
깊숙이 더 깊숙이
들어가 보겠지.

실은 말이지.
최선을 다해 살아서
삶의 끝쯤에서
참회의 하이얀 예복 받아 입고
한 생명
화려하게
멋지게
불태워 버리고 싶어져.

오케스트라의 클라이맥스

그 장단에 맞춰

뜨겁게

송두리째

불타 버리고 싶어져.

25

엄마는 이제 노인의 눈으로
서서히 바람의 정체를
알아 차려가고 있어.

나뭇가지의 잎사귀들
일제히 같은 몸짓으로 흔들리고

풀과 화초들 간절하게
같은 몸짓으로
훌라춤 추게 하는
그 바람.

그 바람의 위력이 보이기 시작했어
살아있는 바람 말이야
바람, 당신은 누구시길래

머리칼에 장난질해 오며
막무가내 어깨를 툭툭 치며
정신 번쩍 들게 빰 후려갈기며

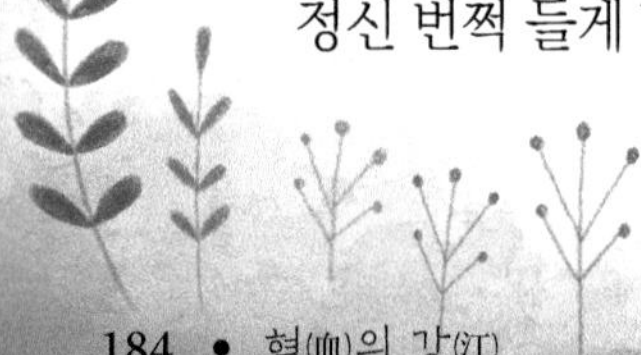

꼼지락 잠시도
가만히 있지 못하는
바람.

젊음을 늙음으로
살짝
밀어 가던 것도
바람, 당신이었나요?

쉴 사이 없이
만물을 집적대는
바람.

시급히 문 열어 달라
조를 때도
모른 척 했었어.

그것이
바람의 장난질이었음을
미처 몰랐어.

지금 다시 보니
모두 바람이었어.

진정
바람의 존재를
몇 번이나 알아차리고
살았을까?

퐁당질 하는
인간 군상 보기에 바빠
그 바람은 보지 못했어.

바람에
몸 맡겨 살아와 놓고

바람 부는 언덕에서
오늘 엄마는
새롭게 바람을 만나고 있어.

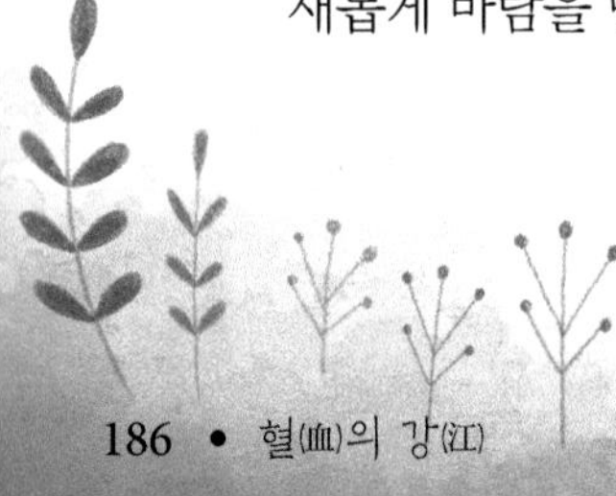

바람에 날리다가
잠시 멈춰선 곳

불씨 하나 남겨두고
또 한 번의
날림이 있을 것을
예측하며

바람이 드셀수록
연은 높이 나는
이치를 새삼 깨달으며

다시 한 번
앞으로 달려 나가
바람개비
죽어라
다시 돌려보고 싶어

한 낮에
가만히
자리 잡아가는 마음

바람에 실려 날리면서
그만
빨강 속에 파랑이
썩여 버렸어.

바람과 친해지기 위해
총총히
빽빽한
바람의 사립문 열고

깊숙이
바람의 심장을 향해

엄마는 겁도 없이
들어가 보고 있어

바람에 밀쳐지지 않으려
엄마의 몽탕한 꼬리
치켜 올리고
이 바람을
이겨 내어야 한다면서

바람에 실려
어디로
어디까지
실려 가려는지

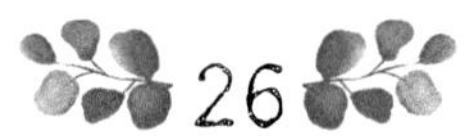

26

갈까마귀 울부짖는
어스름 황혼에

엄마의 마음
들판을 달리고
산등성이를 넘어

끝없이
달음박질해 가고

아무리
달려가 보아도
바라는 그곳에는
닿지 않고

보일듯하여
가 보아도
아니 닿는 그곳

하루에도 수없이
새롭게 출발점 세워 보지.

허공에 뚝뚝
무수히 점 찍어놓은
출발점.

머리만 있고
꼬리 없는
시작의 무수한
출발점.

27

가다가 금세
비가 되어 버린다 해도
날 밀쳐가는 힘.

무섭게 날 밀치는 힘.
뭘 믿고 이제도 무지몽매
꿈을 가지자며 우기지
엄마는 잘 모르겠어.

세상은 잠시도 쉬지 않고
세상은 무구한 나날에
촘촘히 팽창해 가고

생명 있는 것들은
서로의 영역을 넓히려
강탈을 일삼고

저 멀리
끝없이 펼쳐진 들판을

촘촘히 메꾸는 가옥들.

그 안에 콩나물 시루처럼
소복소복 인간을 키우며

우린 모두 지금
어디로 가고 있는 것인가

둥둥 떠가는 구름처럼
영겁의 시간에

우린 떠밀려 밀려
진정 어디로 가고 있는 것인가?

흐를 수도 아니 흐를 수도 없이
중간 길에서
서성이며
기다리며
상심하는
고뇌의 주인공

시간은 영원하지 않아
내일은 계속되지 않아
남은 날 중에선
그래도
오늘이 제일 좋은 날

우리 앞에 놓인 시간이
너무 빠듯함을 알아

밤샘하여
혼신을 다해
달음박질해 본다 해도

남은 날에 못 끝낼
꿈의 성취.

처음에는
그렇게
긴 꿈인 줄을 몰랐어.

그땐
모르고 시작했어.
이렇게 끝난다면
죽어서도 슬플 거야.

정해진
법칙의 테두리에서

수시로

툭툭

뛰쳐나오고 싶은 충동

마음 가자고 하는 대로

놓아 풀어주고 싶지만

그럴 수 없는 걸

엄마는 알아.

나의 약속들

누구의 간섭 없이

누구의 질타 없이

스스로 지켜야 하는

시간과,

공간과,

삶과의 나의 약속들.

그 약속들,
우리들의 삶을
좌우하지.

자석에 끌리듯
그렇게 매달려 끌려
그 약속 따라만 간다면

그런대로 사람답게
그럭저럭 살 수 있을까?

스스로에게
매질해 가며
아프게
따라가야 하는 약속.

엄마의 종아리는
이미 걷어졌지만

일초의 오산도 없이
시간은 흐르고

그 시간 따라가느라
진땀 뻘뻘 흘리며
따라가야 하는
삶과의 약속.

누구도 어떡하라고
말은 안 하지만

한 치의 에누리 없이
복종해 보고픈
삶의 고된 실천.
풍성한 자연 속에
은근히 몸 담그고
그 안에 흠뻑 젖어
세상과 하나 되고 싶어.

하나 되어 비로소
편안해지고 싶어.
부러울 것도,
화낼 것도
별로 없이
더 가져도
덜 가져도
상관없이

마음 평행이었으면 좋겠어

29

파아란 하늘
참으로
평화롭구나.

이 세상에 태어난
지구 위에 인간들
우린 모두
한 식구.

그런데 어떻게
외롭다고만 하겠어.

나만 생각하고,
나만 바라보기 때문에
외롭다하는 것 아니겠어?

느지막이
이제야

눈이 뜨여
보이기 시작하는
세상의 진리
엄마는 요즘 그래

너희들 아끼며,
사랑하며
금이 갈까
깨어질세라
오매불망
'사랑해' 보다

더 큰 단어가 있다면야
좋으련만.

그보다 더 크고 벅찬 것
또 무엇이 있지?

꿈에서 만나
반갑게 손잡고

이 세상 엄마의 뜰에
조심스레 심어놓은

엄마의 꽃밭에
꽃들인양

거름을 주면서도
걱정스러워

그냥 두려고 해도
더욱 걱정스러워.

바람 센 날엔
엄마의 창에
불 켜두고

햇살 따뜻한 봄날
수줍게 고개 드는
귀여운 너희들 모습
아껴 바라보며

엄마의 미소
채워지는 곳에서
항상 건강해다오.
늘 행복해다오.

살면서
묻은 때 벗기느라
껍질 벗겨지는 날에

살점 딸려 벗겨지는 아픔.
엄마는
무로 돌아가기 위한
고된 훈련이 시작되겠지.

엄마와 딸의

속삭임

푸르청청 솔잎

탱탱한 빨간 앵두

청아한 이슬 방울방울

이해타산 벗어 버린 알몸

팔딱이는 물고기.

사랑이야.

끝없는 사랑이야.

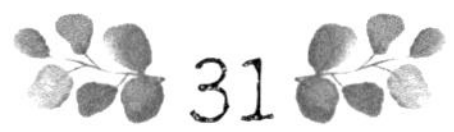

개개인의 머릿속엔
얼마나 많은 생각이
저장되어 있기에

끝 모르게
무궁히 실처럼 풀려 나오는
갖가지 생각.

이것이야 했다가도
또 저것이 곧 되어버리는

다소곳이
숲속에 묻혀
홀로 핀 청순한 꽃.
방실 웃고 있는 꽃.

그 꽃이 무척 좋아
어쩐지 그 이름 없는 꽃
오래 잊지 못할 거야.

암만 늘
어쩌면 자신이
중요한 존재라
믿고 살아왔지.

세상에서
날 홀로 떼어 놓고
보았을 땐 말이야.

그런데
세상에 날 흩어서
섞어 놓고 보면

있어도 좋고
없어도 괜찮은
말할 수 없이
미미한 존재.
세상 인구 숫자에
하나 더 보태졌을 뿐.

그런데 자꾸
엄마는 어째서
무엇이어야 하고
중요해야 한다고 알지.

꽁꽁 나만 움켜쥐고
내 작은 그릇에
빽빽이
무겁도록
나만 가득히
담아 놓았었기 때문이야.

해체의 시간에 임해
이젠
날 모두 툴툴 털어
비울 때

자유분방
살아가던 엄마는
서툴지만 조금씩

기도를 배워가고 있어.
엄마도 잘 들을 수 없는
아련한 기도
심중에
사랑초 한 포기
촉 틔게 하는 기도.

무수히
꽃처럼 폈다 간
생명들.

엄마도
그중의 하나.

한 세상
넘치는 사랑 안에서
참 잘 살았다고
엄마는 말하고 싶어.
엄마는 요즘 그래.

삶의 시작은
기쁨이었지.

살면서
빛과의 사이가
점점 멀어지면서

한쪽 발은 여기에
다른 한쪽은 저기에
가고 있는 곳.

아직 불켜 있지 않은 곳.

슬픈 물감
점차로 배어들어
삶의 마지막은 슬픔.

그런데 말이야.
이 순간
어디로부터인가
불빛이 반짝했어.

무엇인가 서서히
보이기 시작했어..

오늘
새롭게
다시 문을 열고

새로운 시작을
열어야 한다며
오늘은 오늘마다
새 사람으로 태어나

새롭게 문을 열고
새로운 시작에
발맞춰가야 한다며

또 다른 시작의 '오늘'
새롭게 문을 열지.
엄마는 요즘 그래.

〈血의 江〉은 유유히 흘러흘러 이어지고

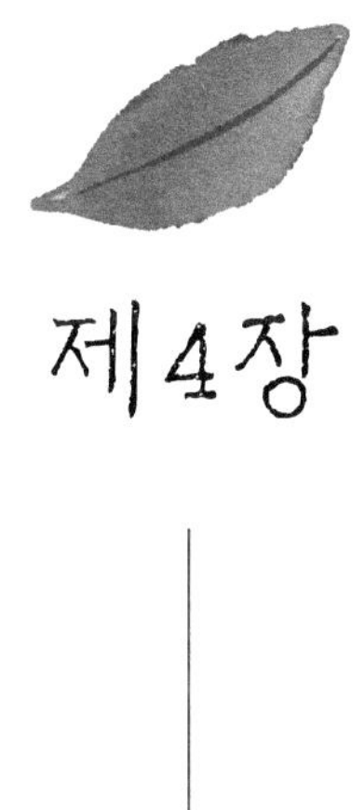

제4장

나의 딸이 또 그 어린 딸에게 보내는 속삭임

Love for *NaNa

Deeper than the ocean
Higher than the sky
My love for you knows
No bounds
The love will never die
Beyond the search for
All mysteries
For longer than age
Of time
No greater love will
One ever find
Than my love for you.

—My daughter wrote for her daughter
*NaNa Is the name my daughter calls her daughter lovingly.

나나로 향한 사랑

바다보다 깊고
하늘보다 더 높고
너를 향한 내 사랑 너 알듯이
한계가 없어라.
그 사랑 절대 죽지 않으리.

검색을 뛰어넘어

모든 신비의

오래된

세월 그보다도

이보다 더 크고 위대한 사랑은

결코 찾을 수 없어라.

너를 향한 엄마의 사랑보다

- 내 딸이 또 그 딸에게 쓴 글

- 나나는 내 딸이 자신의 어린 딸을 사랑스레 부르는 이름

4/10/2007

I've been haunted by my past.

As so many people are, and haven't been

Sure whether I'm living here or there.

I've been walking down darkened halls,

Lost the years of my life

Chasing shadowy dreams.

But now the walls
Of my flimsy
Constructions are disintegrating,
and for the first
Time in my life I don't feel lost
When I look into your eyes.

I am only the woman
Who Loves you
I can see who I am,
Like a guileless child.
I cannot hide myself
From your eyes.

You bring out in me
All that I was meant to be
And, I finally feel
My sprit is freed

When I look into your eyes.
I know your love
Is pure
I can see
You Love me

Unconditionally.
I've never trusted
So unquestioningly before
It's hard for me
To allow it.

I'm laid bare
When you look
Into my eyes.
I want to be all
That you need
Me to be.
When you look
Into my eyes.

I'm on cloud nine
And I can see
A piece of Heaven
When I look
Into your eyes.

나는 과거에서 쫓겨났다.
다른 많은 사람들처럼, 그리고 확실하지 않았다
내가 여기에 살고 있는지 거기에 살고 있는지.
캄캄한 홀로 걸어 내려가고 있었다.

살아온 세월을 잃어버리고
그림자 꿈들을 추적하면서.

그런데 지금 벽들이
나의 보잘 것 없는
구성이 분해되고,
그리고 처음으로
내 삶에 시간이 낭비되었다고 느끼지 않았다
엄마가 너의 눈 속을 들여다보면서.

나는 오직 여자
너를 사랑하는
내가 누군지 보여,
순진한 아이마냥,
나는 나를 숨길 수 없어
너의 눈 안에서.

너는 나에게 가져다주지
내가 나로 되고 싶은 모두를
그리고 그 마지막에 느끼지
내 영혼이 해방되는 것을.

엄마가 너의 눈을 들여다 볼 때면
엄마는 너의 사랑을 알아
순수하다는 것을

엄마는 볼 수 있어
아가가 나를 사랑한다는 것을
무조건적으로.

나는 결코 믿지 못했어.
전에는 의심의 여지없다는 것을
그것은 힘들었어.
그렇게 받아들이는 것이.

엄마는 벌거벗은 마음이 돼
아가가 바라볼 때
엄마의 눈 더 깊숙이.
엄마는 되고 싶어
아가가 바라는
그런 엄마로.
아가가 꽤 뚫어 볼 때
엄마의 눈 속 더 깊숙이.

엄마는 더할 나위 없이
그리고 엄마는 보여
작은 부분의 천당이
엄마가 바라볼 때
아가의 눈 속 깊이로.

5/9/ 2007

A single thought
Runs through my mind
I hope you're going to be
Alright
I wish I could make it
OK
When I see you knotted up
With pain
I wish I could promise
It will get better
The saying goes, "Tomorrow will be
A better day"
I wish I could tell you
That one world worked
That way
Growing pains are
A part of life
There are many things
I just can't change
But I can promise you
One thing to stand
The test of time
I'll never leave you

No matter what

Tomorrow brings

I'll be here

By your side

I'll be here

To Love you

I'll be here

If you need

Me.

한 가닥 생각이

내 마음을 스쳐 지나간다

엄마는 희망을 가지면서

네가 괜찮을 것을

엄마가 만들 수 있을 것이라 희망하면서

네가 좋아지게

엄마가 아가가 웅크리고 있는 것을 볼 때

아파서

약속해줄 수 있기를 엄마는 바라면서

좋아질 것이라고

속담대로, "내일은 더 좋은 날"일 거라고

엄마는 너에게 말해줄 수 있기를 바래

한 세상이 그랬지

그렇게

아픔이 자라는

인생의 한 부분
거기에 많은 것들이
내가 결코 바꿀 수 없는
그러나 너와 약속할 수 있는
한 가지 엄연한 것은
시간의 시험
엄마는 절대로 너를 떠나지 않는다는
무슨 일이 있어도
내일이 가져다줄 것
엄마가 여기 있을 것이란 것
아가의 곁에
엄마는 여기에
아가를 사랑하기 위하여
엄마는 여기 있을 거야
아가가 필요하다면
엄마는.

7/28/2007

You and I
Are two of a kind
I am yours, and

You are mine.
You bring out a strength
In me, I didn't know
I had
I'll keep holding you,
Until there's nothing left
To hold me up.

You brought out a Love
In me, I didn't know
I could feel.

Now with you
In my arms,
There's nothing more real.
I wish I could
Freeze this moment
Forever.

With you in my arms,
Your head on my
Shoulder,
Your heart against mine,
Warming each other,
Your eyes peacefully

At rest.
I couldn't be more
Content.
If I could
Freeze this moment
In time,
I couldn't be happier
Because my dream
Has been realized.

Nothing can
Fill my arms
Like you do
There's nothing else
Like you
In the entire universe.
And nothing could replace
Your beloved face.
It's a perfect fit
In my arms.

7/28/2007

아가와 엄마
두 개의 다른 개체

엄마는 너의 것,
너는 나의 것.

아가는 힘을 가져오고
엄마에게, 엄마가 미처 알지 못하던
그 힘
엄마는 아가를 안아 붙잡아줄 거야.
힘이 모두 다 없어질 때까지
엄마를 똑바로 세우며.

아가는 사랑을 가져왔지
엄마에게, 미처 알지 못했었어도
엄마가 느끼게 될 것이라고.

지금은 아가와
엄마의 팔 안에서
어디에도 이보다 더 뚜렷한 것 없게
엄마는 할 수 있기를
이 순간을 동결할 수 있기를
영원히.

아가야 엄마의 팔에서
아가의 머리 엄마의
어깨에서,
아가야의 심장 엄마의 반대편에서

서로서로 데워져,
아가의 두 눈 평화롭게
쉼을 갖고.
엄마는 더 아무것도 바랄 것 없이
만족해.
만약에 할 수 있다면
이 순간을 동결해 놓을 수 있기를
이 시간에,
엄마는 이보다 더 행복할 수는 없을 거야
왜냐면 엄마의 바람
알게 되었기에.

다른 아무것도
엄마의 팔을 채울 수 없어
아가처럼은
다른 아무것도
아가처럼은
온 우주를 뒤져서도.
그리고 그 무엇도 대치될 수 없어
아가의 사랑스런 얼굴
완전 안성맞춤이야
엄마의 팔 안에서.

6/22/2015

Just want blissful sunshine for you
Don't want you to feel the rain
Wish I could stop your tears
From falling
Wish I could stop your pain

You're all smiles on the outside
You march with a silent band
Inside you're making excuses
For what you can't understand

Just keep believing
The way you do
Keep seeing the fairytale
Even when dreams don't come true

If you keep believing
In this world
Maybe the world will change
For you, just for you
Keep believing

너에게 더없이 행복한 햇살이 비치기를
엄마는 아가가 비를 맞든 우중충한 느낌 아닌
엄마는 너의 눈물 멈추게 할 수 있기를 바래.
넘어지면서
엄마는 너의 아픔을 멈추게 할 수 있기를 바래.

밖의 세상에서 환히 미소 지어가며
조용히 악단에 맞춰 행진하면서
그 안에 핑계 만들어 가면서
네가 이해할 수 없는 무엇엔

그렇게 그냥 믿으면서
그렇게 너 하는 대로
연이어 동화 이야기를 보면서
꿈들이 이루어지지 않을 때라도

만약 네가 계속 믿기만 한다면
이 세상에서
어쩌면 세상은 바뀔지도
너를 위해, 오직 너를 위해
그렇게 계속 끈질기게 믿으면서

1/4/2022

My girl told me that she feels heavy
But she doesn’t know why
I see the sadness she carries
When I look into her eyes
Thinking that you’re sad
Makes me want to cry
Know that you’re not alone
I’m here for you
I hear you
Please don’t cry.

I hope you know how bright
You shinc
Even the brightest sun will cast
Some shadows
Wipe those tears away
Tomorrow will be
A better day.

It’s what happens
When you create
Time just flies

Don't worry

You don't have real sins

It's the world

You're living in

That has to

Try harder.

All the Love

That you're given

Is given freely,

Don't cost a thing

The world may not meet

Your hopes

But you're enough

For the world

And then some

Don't give up

Hope

When it's just

Around the corner

Life's road isn't straight

And, there are roller coasters

But hold on tight
You'll be okay.

We're here for you
We hear you
Keep bringing you
With all
The joy you give
I wish you could
Chase your clouds away

So many wonders
In this world
So many more
Yet to see.

There is sunshine
For any rain
There is beauty
For every pain

Where's it coming from?
Look at all you've done

You've got so many people

Who Love you
We're on your side
Of Life's fight

Sorry,
If I'm surprised
Because I see you
Succeed where others fail
So,
Why are you so down?
You're perfect.

Just the way you are.

내 딸이 느낌이 무겁다고 내게 말한다.
이유를 알 수 없이
슬픔 속에 슬퍼하는 딸을 본다
딸의 눈 속을 들여다 볼 때
딸의 슬픔을 생각하면서
나를 울고 싶게 만든다.
딸이 혼자가 아니라는 것을 알라고
엄마가 곁에 있다고
엄마는 너를 듣고 있다고
제발 울지마

엄마는 알아, 네가 얼마나 영리한지를
빛나는지를
저 빛나는 태양마저도 보도되지
때론 그림자가 질 거라고
눈물을 닦아 없애 버려
내일은
더 좋은 날이 될 거야.

그렇게 될 거야
네가 그렇게 만들 때
시간은 마냥 날아가 버리지.

걱정 마.
너는 진실로 아무 잘못 없어.
이것은 세상이 그런 거야.
네가 살고 있는
단 너는
더 열심히 노력해야 해.

모든 사랑은
네가 준 것이야.
자유로이
비용 조금도 들이지 않고

세상은 충족되지 않겠지만

네가 바라는 대로
그러나 너는 충분해
세상을 위해
그리고 그 약간의 충족을 채우기에도

절대 희망을 포기하지 마!
바로 모퉁이에 돌면 있는 희망
인생길 똑바르지 않아
그리고, 그 길은 울퉁불퉁한 길.

그러나 꼭 붙잡아
그러면 넌 괜찮을 거야.

우린 너를 위해 여기 있어.
우린 너를 듣고 있어
계속 너에게 가져다주고 있어.
모두를
네가 주는 기쁨
엄마는 바래
너의 구름을 쫓아낼 수 있기를.

참으로 많은 광경들
이 세상에
보다 더 많은
아직 네가 보지 못한.

거기에 햇살 비치고
어떤 비에도
거기 에 아름다움이 있고
어떤 아픔에도

어디에서 그것들 오고 있지?
봐! 네가 성취한 모든 것들 둘러봐.

넌 많은 사람들을 얻었어.
너를 사랑하는
우린 너의 편이야.
생명의 싸움에서

미안해.
엄마가 너를 놀라게 했다면
왜냐하면 엄마는 네가 보여
남들이 실패하는 곳에서 성공하는
그런데,
너 왜 저기압이지?
그럼에도 너는 완전해.

너의 모습 그냥 그대로.

血의 江을 마치며

〈너무 멀리 와서〉

엄마 품에서
멀어지면서
성숙했었지.

한 마을 건너
한 나라 건너
장하게 성숙한다고 믿었지.

낮과 밤이 다르고
개 짖는 소리가 바우와우(bow wow)로 들리는
지금은 너무 멀리까지 와서

까아만 머리카락의 딸 이름이
메리(Mary)가 되어버린
너무 멀리까지 와서

무궁화는 어느새
우리나라의 옷을 벗어 던진 채
하이비스커스로 둔갑해버린
너무 멀리까지 와서

웃음과 울음의 옥타브가 달라진 이국의 거리
해는 져도
고향가는 신호는 아무데도 보이지 않는
너무 멀리까지 와서

천지 만물이 잠든 밤, 홀로 빈 하늘 지키는 초생 달의 그 쓸쓸한 모습에서 떨어지는 눈물 방울방울들.

그 눈물 안에 무슨 연유인지 '어머님 영상'이 떠올라 눈물은 두 배, 열 배, 백배로 불어납니다.

정교하게 만들어진 천지 모형, 잠시 움직임을 멈추게 하는 새벽의 침묵.

그 안에 영원이란 단어가 뚜렷이 그 의미를 보여주어, 나도 몰래 차렷 자세하고 '엄마라는 이름으로' 맹세합니다.

'바보처럼 울기만 하지 않으리라.'

'있는 힘 다 해 이 하루 빛나게 하리라.'

어머님으로부터 내가 만들어져 그 어머님이란 이름의 내가 또 다른 '어머님'을 세상에 내어놓고, 이어서 어머님이 또 어머님에게로....

강물이 달빛 아래 금실로 사랑 모형 수놓아 반짝이듯, 어머님의 핏줄로 이어져 빛나는 사랑은 저를 늘 외로움과 싸워 이기게 하고 그 사랑 때문에 죽어도 좋을 만큼 뿌듯합니다.

제게 '어머님'이라는 어원은 '통곡'입니다.

10여년의 생이별 후 고국을 찾았을 때 어머님께 매달려 토해내던 통곡.

산자락 어느 한곳에 어머님을 모셔놓고 미국으로 돌아와 또 10년이 흐른 후, 다시는 만날 수 없는 어머님의 묘소를 찾아 그 앞에 엎드리며 솟구쳐 오르던 또 한 번의 통곡.

하지만 이젠 울지 않으렵니다.

쉼 없이 흐르는 '강'을 통해 '血(피)'와 '영원'이라는 제 방식대로의 '어머님'을 발견했기 때문입니다.

얼핏 그 강물에 어머님의 잔잔하신 미소가 보이는 듯합니다.

제 이름 부르고 계신 어머님의 다정한 목소리가 그 강물에 울려 퍼지는 듯합니다.

〈血의 江〉은 얼마나 붉고 길게 흘러갈까요?

'천지 가슴' 안에서 얼마나 아득히 흘러갈까요?

하지만 이젠 그 질문에 답을 확실히 찾았습니다.

황금빛 용포로 단장한 태양, 그 찬란한 햇살이 〈血의 江〉 위에 뿌린 사랑의 씨앗이 영원히 자랄 것이라는 것을.

어머님과 저. 그리고 저의 딸과 손녀 서로서로 손잡고 면면히 이어 흐르며 박동치는 생명처럼 영원으로 흘러갈 것임을.
〈血의 江〉 줄기 따라 나 또한 '영원하리라!'는 것도.
세상에 살다 가신 살아 계신 살아가실 영원한 어머님으로.

창밖 내다보니
키 큰 겨울나무 잔가지들이
어쩌다 그만 하늘에
가시로 꼭꼭 박혀 보여
하늘이 아플까 봐
나, 울먹입니다.

세월아, 계절아, 어서어서 흘러
하늘에 꽃무늬 놓아
하늘 가득히 꽃 피워다오.
'나' 떠나고 없을 때
내 자식들 울지 않게.

〈血의 江〉을 마치며 마지막으로 「북산책」의 김영란 대표님께 심심한 감사를 드립니다. 어언 60년 넘게 타국에서 살다보니 모국어로 글쓰기가 어정쩡해져 버린 지금, 격려와 더불어 선뜻 정성으로 도와주신 김 대표님 고맙습니다.

발 행 일 2023년 08월 14일
초판 1쇄 2023년 08월 14일

지 은 이 박신애
발 행 인 김영란
발 행 처 북산책

주 소 경기도 파주시 회동길 325-22
한 국 (010) 4823-2320
미 국 1-408-515-5628
이 메 일 4mybook@gmail.com